별자리 신화 백과

CLASSICAL MYTHOLOGY OF THE CONSTELLATIONS

89개 별자리로 만나는
신 · 영웅 · 괴물 이야기

아네트 기제케 지음 · 짐 티어니 그림 · 이영아 옮김

知와 사랑

일러두기 …………

- 신화 속 등장인물의 이름은 현행 외래어 표기법을 존중하되 관행을 참고하여 표기했습니다.
- 단행본은 『 』, 논문은 「 」, 미술·음악은 〈 〉를 사용했습니다.
- 본문에서 저자가 부연한 부분은 ( ), 옮긴이가 부연한 부분은 [ ]와 *를 사용했습니다.
- 그리스와 로마의 주요 신들 각각의 이름은 266쪽을 참고하시기 바랍니다.
- 관련된 별자리는 각 장의 끝에 ✸로 덧붙였습니다.

목차

2부

*

프톨레마이오스 이후의 별자리

일러스트

서문

이 책은 별자리에 얽힌 경이롭고도 시대를 초월한 이야기를 알고 싶어 하는 이들을 위한 안내서다. 바깥에서 별이 총총한 맑은 밤하늘을 올려다보고 있든, 실내에서 안락한 의자에 앉아 있든 상관없다. 이 책을 펼치면 어느덧 하늘을 여행하며, 고대 그리스 로마 사람들이 그곳에 거한다 믿었던 신들이며 영웅들, 괴물들과 조우하게 될 것이다. 그중에는 불세출의 그리스 영웅 헤라클레스, 뱀 머리카락을 가진 괴물 메두사를 퇴치한 페르세우스, 천마 페가수스, 안드로메다 공주를 잡아먹으려던 바다 괴물 케토스도 있다. 고대 그리스인들이 신화를 바탕으로 이름 붙인 별자리들은 지금까지도 같은 이름으로 불릴 정도로 별자리 신화는 기나긴 세월을 버텨왔다.

이 책에 실린 별자리와 신화는 2천 년 전쯤 한 저서에 정리되었던 48개의 별자리 목록을 바탕으로 하고 있다. 『알마게스트*Almagest*』라는 제목의 그 책을 집필한 수학자이자 천문학자 프톨레마이오스는 당시 이집트의 중심 도시였던 알렉산드리아에 살면서 그리스어로 글을 썼다. 2세기에 저술된 『알마게스트』는 르네상스 시대까지 권위 있는 천문학 교과서로 인정받았으며, 프톨레마이오스가 육안으로 관측하여 작성한 별자리 목록은 오늘날까지도 사용되고 있다. 별자리 수는 거의 두 배로 늘어났지만 말이다.

이제 편안히 누워 밤하늘을 올려다보며 그곳을 빙글빙글 맴돌고 있는 뱀, 용, 곰, 거인, 괴력의 영웅, 여왕, 왕, 공주를 만나보자.

0H
1H
2H
3H
9H
10H
11H
12H
13H
14H
15H
16H
17H
19H
20H
21H
22H
23H
I
II
III
IV
90°
75°
60°
45°
30°
15°
0°
물고기자리
고래자리
페가수스자리
조랑말자리
돌고래자리
안드로메다자리
양자리
삼각형자리
화살자리
황소자리
백조자리
페르세우스자리
독수리자리
케페우스자리
카시오페이아자리
거문고자리
오리온자
땅꾼자리
마차부자리
헤라클레스자리
용자리
작은곰자리
쌍둥이자리
북쪽왕관자리
작은개자리
큰곰자리
게자리
뱀 머리
목동자리
사자자리
바다뱀자리
처녀자리

북반구

I
II
III
IV
0H
1H
2H
3H
9H
10H
11H
12H
13H
14H
15H
16H
20H
21H
22H
23H
90°
75°
60°
45°
30°
15°
0°
고래자리
물병자리
남쪽물고기자리
염소자리
에리다누스강자리
독수리자리
궁수자리
토끼자리
남쪽왕관자리
뱀 꼬리
제단자리
용골자리
큰개자리
땅꾼자리
전갈자리
고물자리
돛자리
켄타우루스
자리
이리자리
천칭자리
뱀자리
바다뱀자리
까마귀자리
처녀자리
컵자리

남반구

나는 하루살이 신세, 한낱 필멸의 인간
그러나 구불구불 이어지는 별들의 길을 마음으로 따라갈 때면
어느덧 내 몸은 땅 위로 떠올라
제우스의 곁에 서서 신에게 바쳐진 음식을 실컷 맛본다네.

프톨레마이오스, 『알마게스트』, 서시

들어가는 글

별과 신화

지구에 처음 발붙이고 살기 시작했을 때부터 인류는 하늘에 떠 있는 것들에 매혹되어 왔다. 밤하늘을 올려다보며, 천체들이 저마다 밝기가 다르다는 사실을, 몇몇은 무리 지어 별개의 집단을 이루기도 하고, 대부분이 서로 다른 시간에 서로 다른 위치에서 뜨고 지며 모양새를 바꾼다는 사실을 알아챘다. 하늘에서 일어나는 이러한 변화가 계절의 흐름과 일치하여, 씨를 뿌리고 추수할 시기를 알려준다는 사실 또한 알아차렸다. 천체는 땅과 바다에서 중요한 길라잡이의 역할을 하기도 했다. 계절에 따른 하늘의 변화를 파악하는 것은 곧 생존의 문제였다.

이 신비로우면서도 위력적인 천체들이 정확히 무엇인지 초기 인류가 알았을 리 만무하다. 그럼에도 하늘에서 어떤 일이 왜 벌어지는지를 하나의 자연 현상으로 파악하려 했고 그래야만 했다. 자연을 이해하려는 바로 이 욕망이 신화 짓기로 이어졌다. 사람들은 그 이야기들이 사실이라 철석같이 믿고 자손 대대로 구전했는데, 내용은 문화권마다 차이가 있다. 고대 그리스에서 태양과 달, 대지는 신이었다. 태양신 헬리오스는 아침마다 바닷속 궁전에서 솟아올라 불타는 전차를 몰고 하늘을 가로지른 다음 저녁에는 궁전으로 돌아갔다. 밤이 되면 달의 여신 셀레네(로마의 루나)가 찬란한 전차를 같은 경로로 몰았다. 대지의 여신 가이아는 비록 움직이지는 않았지만 모든 생명체의 근원이었다.

그런가 하면, 우리 태양계 너머의 별들은 덜 밝아 상대적으로 '하위' 천체로 여겨졌고, 신보다는 영웅이나 동물, 괴물로 간주되었다. 죽은 후 신들에게 상 혹은 영벌을 받아 하늘로 올라가서 별이 된 것이다. 고대 그리스 로마 사람들은 밤하늘에 무리 지은 별들을 올려다보며, 위대한 사냥꾼 오리온과 독침으로 그를 찔러 죽인 전갈을 떠올렸다. 위대한 아킬레우스를 키운 반인반마 켄타우루스, 아리따운 아가씨였으나 헤라의 복수로 곰이 되어버린 가여운 칼리스토도 그들의 눈에 보였다. 이런 신화들은 결국 글로 옮겨져 시와 산문이 되었고, 사상가들의 공격에도 아랑곳없이 꿋꿋하게 명맥을 이어오고 있다. 천체는 신이나 영웅 같은 것이 아니라 물, 불, 공기 등의 '물질'로 이루어져 있다고 생각한 사상가들은 과연 신화가 자연 현상을 제대로 설명해 주는지 의문을 제기했다. 자연과학의 토대를 마련한 이들 철학자 가운데 피타고라스(기원전 570년-기원전 495년), 플라톤(기원전

428/427년 혹은 424/423-기원전 348/347년), 아리스토텔레스(기원전 384년-기원전 322년)는 우리에게도 익숙하다.

고대의 별자리 신화를 제일 처음 글로 기록한 사람이 누구인지는 여전히 수수께끼로 남아 있다. 그런 데다 저작이 현재까지 남아 있는 고대 그리스 로마 작가들 대부분은 별에 얽힌 이야기를 한데 그러모아 정리하지 않고, 잘 알려진 이야기들의 편린을 이것저것 주워 담아 더 큰 서사의 일부로 써먹었다. 고대 그리스의 청동기 시대(기원전 3000년-기원전 1175년경)에 글쓰기의 목적은 문학 창작이 아니라 귀한 식량을 비롯한 자원들을 추적하고 파악하기 위함이었다. 글쓰기는 곧 기록을 위한 도구였다. 북방의 침략자들에게 시달리며 그리스가 암흑기에 빠지자 문학은 종적을 감추었다가 비교적 평화로운 시대가 도래하여 사람들의 삶이 안정되었을 때 다시 나타났다. 그리스인들이 지금의 시리아 해안에서 이스라엘까지 영토를 확장한 부유하고 문화 수준 높은 페니키아인들의 문자를 받아들인 것은 기원전 800년경의 일이었다. 새로운 문자를 사용한 최초의 문학 작품은 호메로스의 『일리아스*Ilias*』로, 영웅 아킬레우스가 트로이 전쟁에서 활약한 이야기를 담은 책 한 권 분량의 서사시였다. 『일리아스』는 서양(유럽)에 현존하는 문학 작품으로는 가장 오래됐을 뿐만 아니라 그 영향력도 최고여서, 당대에 추앙받은 것은 물론 오늘날에도 대중문화의 근간을 이루고 있다. 중요한 점은, 대개 기원전 750년경에 집필된 것으로 추정되는 『일리아스』의 몇몇 세부 내용이 일련의 트로이 전쟁이 발발한 청동기 시대에 기원을 두고 있다는 사실이다. 아킬레우스와 전우들의 모험담은 입에서 입으로 전해지며 번번이 내용이 바뀌다가, 호메로스의 시대에 이르러 호메로스 자신 혹은 다른 누군가가 호메로스판 이야기로 저술했다. 그러니까, 호메로스라는 인물이 정말로 존재했다고 가정한다면 말이다. 호메로스가 단일 인물이 아니라, 여러 시인들의 공동 저작물에 부여된 이름이라고 믿는 학자들도 있다.

호메로스가 실존했건 아니건, 그리스인들은 호메로스와 그의 뒤를 이은 동시대 시인 헤시오도스가 신을 만들어 그들에게 선사하고, 세세토록 남을 이름을 신들에게 붙여주고, 신들의 능력 범위를 정했다고 믿었다. 이를테면, 제우스는 신들의 왕으로서 기상 현상을 관장했다. 구름을 불러 모으고, 비를 뿌렸으며, 천둥 번개를 일으켰다. 동시에 가장 중요한 도시 수호자로 약속을 어긴 인간을 벌하고 법과 질서를 유지하는 등의 일을 맡았다. 호메로스가 천문학자는 아니었지만, 『일리아스』에는 당대 사람들이 상상한 세계의 모습이 담겨 있다. 일례로 아킬레우스의 방패가 상세하게 묘사된 대목을 보자. 아킬레우스의 방패에는 둥글고 평평한 대지와 그 주위를 에워싸며 흐르는 (담수가 아닌 염수의) 큰 강 오케아노스가 새겨져 있다. 대지 위의 방패 중앙에 볼록한 구체로 조각된 하늘에는 달과 태양, 그리고 여러 별자리가 담겨 있다. 오리온자리와 큰곰자리, 그리고 오늘날 황소자리의 일부로 알려진 히아데스성단과 플레이아데스성단까지. 신화에서 히아데스와 플레이아데스는 하늘을 짊어진 티탄족 아틀라스의 딸들이다. 한편 헤시오도스는 신들의 탄생을 노래한 서사시 『신들의 계보*Theogonia*』에서 대지의 여신 가이아와 하늘의 신 우라노스(라틴어로 우라누스)의 기원을 설명했다. 헤시오도스는 별들에 관한 시도 썼다고 하는데, 그 작품은 고대의 글들이 대부분 그러하듯 세월의 부침을 이기지 못했다.

고대의 별자리 신화는 그것을 기록한 작가의 수만큼이나 다양하게 변주되었으며, 이 책에는 가장 잘 알려진 버전들을 모아놓았다. 별자리 신화에 관한 중요한 자료를 제공해 주는 고대 작가들 가운데, 호메로스의 『일리아스』로부터 약 800년 후 본격적으로 저술 활동을 시작한 로마 시인 오비디우스(기원전 43년-기원후 17/18년)가 있다. 로마의 지식인답게 호메로스를 위시한 선대의 뛰어난 그리스 로마 시인들의 작품을 잘 알았던 오비디우스는 선대 작가들의 작품을 자유로우면서도 혁신적으로 끌어다 썼다. 오비디우스의 가장 유명한 작품인 『변신 이야기*Metamorphseon Libri*』는 『일리아스』와 마찬가지로 책 한 권 분량의 서사시다. 오비디우스는 헤시오도스처럼 우주의 기원을 설명하는 것으로 운을 뗐지만, 신·인간·동물·괴물의 변신을 주된 주제로 삼았다. 신이 동물이나 인간으로, 인간이 동물이나 식물이나 별들로, 동물과 괴물이 별이나 성단으로 변하는 식이다. 아폴로도로스(2세기에 활동)나 논노스(6세기에 활동) 같은 후대의 신화 수집가들뿐만 아니라 오비디우스의 동시대인인 히기누스의 글에서도, 오비디우스의 이야기를 조금 변형한 내용을 비롯해 다양한 별자리 신화를 발견할 수 있다. 그 외에 그리스 역사가 헤로도토스(기원전 5세기), 그리스 지리학자 스트라본(오비디우스의 동시대인), 로마 여행 작가 파우사니아스(2세기) 등의 작품에도 귀중한 정보의 편린들이 담겨 있다.

본서에는 고대 그리스 로마의 여러 작가들이 전하는 별자리 신화가 한데 어우러져 있지만, 구조적 토대가 되는 것은 단 한 권의 고서 『알마게스트』다. 이 책은 시집도 아니요, 신화 모음집도, 역사서도, 고대의 여행안내서도 아니다. 2세기에 발간된 후 르네상스 시대 전까지 천 년이 넘도록 천문학의 표준 교과서로 인정받았던 과학 서적이다. 거기에는 익숙한 신화 속 인물들에게 이름을 따온 48개의 별자리가 실려 있다. 여러분도 곧 그 별자리들에 얽힌 이야기들을 만날 수 있을 것이다.

프톨레마이오스와 그의 별자리들

『알마게스트』의 저자로 알려진 프톨레마이오스의 전체 이름은 클라우디오스 프톨레마이오스다. 책의 파급력을 생각하면, 그의 생애는 놀라울 정도로 알려진 바가 거의 없다. 클라우디오스라는 이름을 보면 로마인이 아닐까 싶지만, 프톨레마이오스라는 성은 그리스계 이집트인 혈통임을 암시한다. 지금까지 남아 있는 저서들에서 단서를 찾자면, 그는 대략 100년부터 174년까지 이집트 도시 알렉산드리아에서 거주하며 글을 썼던 것 같다.

기원전 30년에 이집트의 매혹적인 마지막 여왕 클레오파트라와 그녀의 연인인 로마 장군 마르쿠스 안토니우스가 로마 황제 아우구스투스에게 패하면서, 이집트는 로마 제국의 속주가 되었다. 기원전 332/331년 알렉산드로스 대왕이 건설한 이집트의 새 수도 알렉산드리아는 로마 제국 '제2의 도시'로 부상하여 로마에 버금가는 경제·문화의 중심지가 되었다. 지중해 동부의 주요 항구로서, 인도와 아라비아와 로마 사이에 점점 늘어나고 있던 사치품 교역의 거점으로 떠올랐다. 다양한 문화가 어우러진 곳인 만큼 예술과 과학도 꽃을 피워, '무세이온**Museion**(무사이의 집)'이라는 연구 기관에는 수백 년 동안 수많은 학자들이 몰려들었다. 알렉산드리아 도서관은 프톨레마이오스의 시대에도 여전히 세계 최고로 꼽혔다. 그곳은 프톨레마이오스가 심혈을 기울이던 과학 연구에 매진하기에 이상적인 장소였다.

프톨레마이오스는 음악 이론, 수학, 지리학, 천문학에 관심이 많은 학자로서 해당 주제들로 책을 여러 권 썼는데, 전부 다 살아남지는 못했다. 그의 저서 가운데 가장 유명한 『알마게스트』는 번영과 평화의 시대를 이끈 로마 오현제 중 한 명인 안토니누스 피우스의 치세(138-161)에 저술되었을 것이다. 고대의 학술적·과학적 저술이 대개 그러했듯 『알마게스트』는 그리스어로 집필되었고, 원제인 『수학의 집대성*Mathematike-Syntaxis*』에는 천문학을 이해하는 데 근간이 되는 수학의 역할이 반영되어 있다. 천문학을 광범위하게 다룬 고대 저작으로는 유일하게 현존한다는 점에서도 이 책은 중요한 의미를 띤다.

『알마게스트』는 13장, 혹은 고대의 개념으로 말하자면 13권으로 나뉘어 있다. 기하학을 실제로 활용할 줄 알고 기본적인 천문학 용어에 익숙한 천문학도들에게 천문학을 하나부터 열까지 알려주는 안내서다. 하늘과 지구의 관계로 적절히 운을 떼며 프톨레마이오스는 다음과 같이 쓴다. "하늘은 구체이며, 이런 연유로 천체들은 원형 궤도를 따라 운행한다… 지구도 마땅히 구의 형태를 띠고… 하늘의 정중앙에 놓여 있다."(『알마게스트』 1권 10-20절) 하늘이 지구를 중앙에 둔 거대한 구체라는 증거는 "태양과 달과 별들이 뜨고 나서 질 때까지 원형 궤도를 따라 늘 나란히 돈다"는 관측 사실이었다. "그것들은 흡사 지구의 심부에서 솟아오르듯 밑에서 떠올라 조금씩 상승하다가 비슷한 포물선을 그리며 서서히 내려가 땅으로 떨어진 듯 종적을 감추어버린다. 그러고 나서는 얼마간 눈에 안 띄다가 나중에 다시 뜨고 진다. 더욱이, 이런 주기적 운행의 지속 기간과 뜨고 지는 장소가 대체로 일정하다."(『알마게스트』 1권 10절) 프톨레마이오스는 이런 가설로부터 출발하여 태양, 달, 수성, 금성, 화성, 목성, 토성 그리고 항성들의 움직임을 수학적으로 상세히 논했다. 항성에 관한 부분에는 48개 별자리를 구성하는 항성들 1,022개의 목록이 그 위치('천구상'의 위도와 경도) 및 광도(1-6등급으로 구분한 밝기의 정도)와 함께 실려 있다. 이 48개의 별자리에는 그리스 신화에서 따온 이름이 붙여졌다.

『알마게스트』가 천문학 역사에 끼친 영향은 아무리 강조해도 지나치지 않지만, 그 안에 프톨레마이오스 자신이 직접 관측한 사실만 담긴 건 아니다. 프톨레마이오스는 선대 사상가들이 이룩한 발전에 의지했는데, 그중 그리스의 자연철학자 히파르코스(기원전 150년-기원전 127년경 활동)의 저술로부터도 많은 것을 배웠다. 이를테면, 히파르코스는 사계절의 길이가 저마다 다르다는 사실을 설명하려면 지구의 위치가 태양이 움직이는 원형 궤도의 중심에서 벗어나 있어야 한다고 생각했다. 히파르코스가 작성한 항성표를 프톨레마이오스가 크게 늘려놓기도 했다. 더 앞선 시대의 사상가들 역시 프톨레마이오스에게 영향을 미쳤다. 지구 주위를 도는 수정으로 된 천구에 항성들이 붙박여 있다고 믿은 아낙시메네스(기원전 585년-기원전 528/524년경), 행성의 움직임을 면밀히 연구한 후 각 행성이 저마다 회전하는 천구 안에 존재하며 이 천구들이 러시아의 마트료시카 인형처럼 차례로 포개어져 있다고 추론한 에우독소스(기원전 400년-기원전 347년)를 들 수 있겠다. 항성들의 천구는 가장 바깥쪽에 있었다. 기원전 500년경 피타고라스는 지구가 둥글다 주장했고, 아리스토텔레스는 이 개념을 전적으로 받아들여, 적도로부터의 거리에 따라 어떤 별자리는 보이고 어떤 별자리는 보이지 않는 이유가 바로 여기에 있다고 믿었다.

당대에는 획기적이었던 프톨레마이오스의 저서에도 오류는 있다. 가령, 프톨레마이오스가 '하늘'이라 부른 우주는 구체(혹은 일련의 동심구)가 아니며, 프톨레마이오스가 공들여 기록한 항성들의 위치도 정확하지는 않다. 수천 년에 걸쳐 눈부신 발전을 이룩한 자연과학 기술 덕분에 이런 오류들이 발견되었다고 해서 프톨레마이오스의 저서를 깎아내릴 수는 없다. 『알마게스트』는 발간되자마자 로마에서 천문학의 표준 교과서로 자리매김했다. 프톨레마이오스가 붙인 '수학의 집대성'이라는 제목 대신 '가장 위대한 논문'이라 불린 것만 봐도 그 저서의 위상을 짐작할 만하다. 첫 발간 후 거의 1,500년이 지난 16세기 말까지도 대표적인 천문학 교과서로서의 자리를 굳건히 지켜냈다. 800년 무렵 이 '가장 위대한' 논문이 아랍어로 처음 번역되었고, 그 아랍어 제목인 『알마게스트』가 지금까지 전해오고 있다. 아랍어 번역자들은 그리스어 '헤 메기스테hē megistē(가장 위대한)'를 아랍어 '알-마지스티al-majisti'로 옮겼고, 이것이 나중에 중세 라틴어 번역본에서 '알마게스티almagesti' 혹은 '알마게스툼almagestum'이 되었다.

476년에 로마 제국이 멸망한 후 『알마게스트』는 서양에서 자취를 감추었다가, 중세가 무르익은 1175년에 크레모나의 제라르도가 아랍어본을 라틴어로 번역하면서 다시 모습을 드러냈다. 이탈리아 북부에서 태어난 제라르도는 카스티야 왕국의 톨레도에 가서 아랍어를 배우며, 천문학과 의학 등 아랍어로 저술된 다양한 과학 서적을 접했다. 『알마게스트』의 권위를 익히 알고 있던 제라르도는 번역에 열을 올렸고, 이 책은 서양에서 르네상스 시대까지 가장 널리 알려진 판본이 되었다. 유럽에서 천문학의 고전으로 계속 승승장구하던 『알마게스트』에 도전장을 내민 것은 1543년에 폴란드의 천문학자 니콜라우스 코페르니쿠스(1473-1543)가 발표한 『천구의 회전에 관하여*De Revolutionibus Orbium Coelestium*』였다. 코페르니쿠스는 프톨레마이오스의 지구 중심설에서 모순점들을 찾아, 지구가 아닌 태양을 중심에 둔 새롭고 혁명적인 우주 모델을 고안했다. 이 도발에도 프톨레마이오스의 영향력은 흔들리지 않았는데, 덴마크의 천문학자 튀코 브라헤(1546-1601)가 프톨레마이오스의 연구를 색다르게 수정하는 대신 오로지 독자적인 관측 결과에 근거한 항성표를 최초로 작성하자 상황은 달라졌다. 꼼꼼하게 직접 관측하는 방식을 고집한 브라헤는 별자리의 위치와 그 별자리를 구성하는 항성들의 광도를 훨씬 더 정확하게 측정해냈다. 그러다 브라헤의 조수인 요하네스 케플러(1571-1630)가 행성들이 태양 둘레를 타원 궤도로 움직인다는 사실을 관측해내자 『알마게스트』와 프톨레마이오스의 천체 운행 이론은 교과서로서의 쓸모를 잃고 말았다.

프톨레마이오스의 이론에서 오류가 다수 밝혀진 후에도 그의 별자리 목록은 관측 천문학의 기반이 되는 자료로 건재했다. 국제천문연맹IAU은 오늘날 88개의 별자리를 공인하고 목록화했다. 이는 48개의 프톨레마이오스의 별자리(그리스 신화에서 유래한 이름들을 라틴어로 옮겨 그대로 유지했다)에다 이후의 천문학자들이 관측한 40개의 별자리를 더한 것이다.

하늘 읽기

이 책에서는 48개 프톨레마이오스의 별자리를, 지구에서 바라본 밤하늘의 구역에 따라 나누어 자모순으로 소개할 것이다. 사분면quadrant이라 불리는 이 구역들은 천구를 분할한 것이다. 천구天球란 속이 빈 가상의 구체로, 그 중심에 지구가 있고 안쪽 표면에 하늘이 투영되어 있다. 이는 프톨레마이오스가 생각한 하늘의 형태와 아주 비슷한 모델이다. 천구의 양극은 지구의 남극·북극과, 천구의 적도는 지구의 적도와 일직선을 이룬다. 천구에도 북반구와 남반구가 있으며, 지구의 그것들과 일직선상에 있다. 천문학자들은 하늘을 읽고 지도를 만들기 위해 천구의 북반구와 남반구를 각각 1사분면부터 4사분면까지 총 네 구역으로 나누었다.

오렌지를 반으로 자른 다음, 반쪽짜리 두 조각을 각각 네 조각으로 등분했다고 상상하면 된다.

여기서 가상 천구의 사분면이 은하의 사분면과는 다르다는 사실에 주의해야 한다. 은하의 사분면도 별자리를 분류하는 데 사용할 수 있지만, 지구가 아닌 태양을 기준점으로 삼는다. 천구 사분면과 은하 사분면이 겹치는 부분도 있지만 모든 별자리가 그런 건 아니다. 이후 언급되는 사분면은 모두 천구의 사분면이다. 또 별 관측을 좋아하는 일반인들과 천문학자들이 별자리를 이해하는 방식에는 큰 차이가 있을 수 있다. 별자리를 의미하는 영어 '컨스털레이션constellation'은 '별의 군집'이라는 뜻의 라틴어 '콘스텔라티오constellatio'에서 유래한다. 'cum(함께, 모두)'의 변형인 'con'과 별을 의미하는 'stella'에 별들을 한데 모으는 행위의 결과를 나타내는 접미사 '-tio'가 결합된 형태다. 예로부터 별자리는 밝은 별들로 이루어진 인식 가능한 패턴으로 이해되어 왔다. 그러나 국제천문연맹은 우리 눈에 보이는 하늘의 전체 지도를 만드는 과정에서 별자리의 정의를 수정했다. 밝은 별들이 모여서 이루는 특유의 패턴뿐만 아니라 태양계 밖의 성단이며 성운이며 은하까지 포함하는, 측정 가능하고 명확한 하늘의 구역이 별자리가 되었다. 가령 국제천문연맹의 안드로메다자리에는 그리스인들이 쇠사슬에 묶인 안드로메다 공주의 형상이라 상상했던 밝은 별들의 패턴과 더불어, 안드로메다은하, 푸른 눈덩이 성운(NGC 7662), 한 개의 개방 성단(C28)* 도 포함된다. 이 책에서는 육안으로 알아볼 수 있는 밝은 별들의 패턴이라는 전통적이고 역사적인 의미의 별자리에 초점을 맞출 것이다. 또한 독자들이 별자리 신화 속 인물들을 쉽게 알아볼 수 있도록, 전통적인 별자리 지도처럼 삽화 속의 밝은 별들을 선으로 이어놓았다. 별자리의 핵심을 이루는 별들의 경우, 지구에서 관측되는 상대적 밝기에 따라 0등급(가장 밝음)부터 6등급(가장 어두움)으로 구분하여 표시했다.

* NGC는 'New General Catalogue'의 약자로 정식 명칭은 '성운 및 성단의 신판 일반 목록(New General Catalogue of Nebulae and Cluster of Stars)'이다. 천문학자 존 허셜의 '성운 및 성단 목록(Catalogue of Nebulae and Clusters of Stars)'을 1888년에 존 루이스 에밀 드라이어가 다시 정리한 것이다. C는 '콜드웰 천체 목록(Caldwell Object Catalogue)'을 지칭한다. 1995년에 영국의 아마추어 천문가인 패트릭 앨프리드 콜드웰 무어가 메시에 목록에 빠졌던 남반구 천체들까지 포함하여 작성한 목록이다.

지구의 자전 때문에 천구는 동쪽에서 별자리들을 싣고 떠올라 우리 머리 위 하늘을 가로질러 서쪽으로 지면서 우리 주위를 빙글빙글 도는 것처럼 보인다. 지구는 지축을 중심으로 자전할 뿐만 아니라 태양 주위를 공전하기도 하므로 한 해의 특정 시기에만 볼 수 있는 별자리들이 많은데, 그 기간이 계절의 변화와 밀접하게 연관되어 있다. 북반구의 경우, 1사분면의 별자리는 가을부터 겨울까지, 2사분면의 별자리는 겨울부터 봄까지, 3사분면의 별자리는 봄부터 여름까지, 4사분면의 별자리는 여름부터 가을까지 볼 수 있다. 반면, 남반구의 경우 1사분면의 별자리는 봄부터 여름까지, 2사분면의 별자리는 여름부터 가을까지, 3사분면의 별자리는 가을부터 겨울까지, 4사분면의 별자리는 겨울부터 봄까지 볼 수 있다.

덧붙이자면, 천구의 적도에 가까운 별자리는 천구의 양극에 가까운 별자리보다 더 오래 볼 수 있다. 천구의 북반구에 있는 별자리는 대체로 지구의 북반구에서만 보이고, 천구의 남반구에 있는 별자리는 지구의 남반구에서만 보이는 경향이 있다. 그러나 천구의 적도 근처나 '적도상'에 있는 별자리들은 지구의 양쪽 반구 모두에서 볼 수 있다.

가상의 천구에서는 별자리와 마찬가지로 태양도 안쪽 표면에 자리하고 있다. 다만 '고정되어' 있지 않고 1년 주기로 돌면서 몇몇 별자리들을 통과한다. 양자리, 황소자리, 쌍둥이자리, 게자리, 사자자리, 처녀자리, 천칭자리, 전갈자리, 궁수자리, 염소자리, 물병자리, 물고기자리 등 태양이 지나가는 것처럼 보이는 이 별자리들을 황도 12궁이라 한다.

별자리에 새긴 신화

이 책에 실린 신화들은 대부분 그리스 신화로, 개중에는 로마 작가들이 수집해서 변형한 (혹은 재구성한) 것들도 있다. 로마 제국이 워낙 방대한 데다 다양한 문화가 어우러졌던 만큼 '로마' 작가들은 그리스어를 모국어로 사용하거나, 지적이고 창의적인 작업에 라틴어보다 더 적절하게 여겨진 그리스어를 유창하게 구사했다. 이런 이유로 나는 별자리 신화를 다시 쓰면서 신화의 출처가 그리스든 로마든 상관없이 인물들의 이름을 주로 그리스식으로 표기했다. 그리스 신들에 상응하는 로마 신을 알고 싶다면 부록에 실어놨으니 참고하기 바란다.

이 책에는 주로 그리스 신화를 모아 놨지만, 그리스인들만 별자리 신화를 만든 건 아니라는 사실을 잊어서는 안 된다. 앞서 언급했듯, 어느 문화권이든 사람들은 밤하늘을 올려다보고 별을 관찰하며 별들이 무리 지어 만들어내는 특유의 형상을 알아보았다. 이렇게 관측하고 그 변화를 지속적으로 추적하는 것은 생존이 걸린 문제였다. 이들 별무리의 위치가 달라지면 계절과 날씨가 바뀌어 농사나 물길, 바닷길은 물론 전반적인 생활에도 어마어마한 여파가 들이닥쳤기 때문이다. 문화권마다 이 별무리들에 제각기 다른 이름과 신화를 부여했는데, 무엇 하나 흥미롭지 않은 것이 없다. 예를 들자면, 뉴질랜드 마오리족이나 아프리카·인도·이집트·메소포타미아(바빌로니아)·중국·아메리카 대륙·스칸디나비아의 다양한 민족들이 저마다의 전통적인 별자리 신화를 전승했다.

그리스인을 비롯한 세계 곳곳의 사람들이 대체 어디에서 영감을 받았기에 밤하늘의 별을 올려다보며 특정한 인물들을 떠올렸는지는 정확히 알 수 없다. 뱀 머리칼이 우글대는 메두사의 머리를 베어내 손에 쥔 페르세우스는 보았으면서, 검과 방패를 든 위대한 아킬레우스는 왜 보지 못했을까? 별들의 배열이 정말로 특정 인물처럼 느껴졌을까, 아니면 그저 사람들의 기억을 돕기 위해 별자리 신화라는 장치를 만들어낸 걸까? 이유가 무엇이건 간에, 주요 인물이 같은 신화 속의 다른 인물들에 둘러싸인 형상으로 그려지는 별자리가 많다. 페르세우스 신화의 주요 인물은 밤하늘에 모두 등장한다. 페르세우스가 구한 안드로메다 공주, 페르세우스가 퇴치한 바다 괴물(고래자리), 안드로메다의 아버지인 케페우스 왕, 안드로메다의 어머니인 카시오페이아 왕비. 헤라클레스는 그 유명한 열두 가지 과업을 수행하는 과정에서 퇴치하거나 따돌린 괴물들을 거느리고 있다. 머리가 여럿 달린 히드라(바다뱀자리), 용 라돈(용자리), 네메아의 사자(사자자리), 거대한 게(게자리)가 그 예다. 헤라클레스의 무기 중 하나로 히드라의 독혈이 묻은 화살(화살자리), 그 화살촉에 치명상을 입은 반인반마(켄타우루스자리) 역시 곁에 있다. 오리온은 자신의 사냥개(큰개자리)와 사냥감인 토끼(토끼자리)를 대동한다. 이와 같은 사례가 쭉 이어진다. 확실히 한 인물을 선택하고 같은 이야기 속의 다른 인물들을 주변에 포진한 것처럼 보이지만, 항상 그런 건 아니었다.

특히 기묘한 별자리가 하나 있는데, 물고기 꼬리가 달린 염소의 형상으로 묘사되는 염소자리다. 이 혼종이 고대 바빌로니아인들의 관측과 별자리 신화에서 직접 영감을 받아 탄생한 것은 틀림없는 사실이다. 바빌로니아의 항성표에 바로 그런 혼종 피조물이 바다의 신 에아Ea의 상징으로 등장한다. 염소자리에 얽힌 그리스 로마 신화들은 그리스와 로마의 별자리에 물고기와 염소 혼종이 포함된 이유를 설명하기 위해 만들어진 듯하다. 그리스인들과 로마인들은 문화적으로 고립되지 않고 이웃 민족들과 끊임없이 접촉했다. 고대에는 더 넓은 지중해 지역에서 물자와 사상이 활발하게 교류되었으니, 그리스 로마의 천문학적 지식과 고대 별자리 신화에서 외부로부터의 영향이나 차용이 감지되는 것도 당연한 일이다.

마지막으로 폭력적인 내용의 신화가 많아서 놀라는 독자들도 있을 텐데, 그런 신화들에는 어김없이 신들이 연루되어 있다. 현대의 우리가 보기에는 부도덕하고 비윤리적이며 범죄가 될 만한 행동을 숱하게 저지르는 신들의 추태가 의아스럽기도 하다. 신들은 인간의 선행과 신실함에 상을 내렸지만, 반드시 그런 건 아니었다. 더러는 아무 죄도 범하지 않은 인물이 가차 없이 박해를 받기도 했다. 헤라클레스가 그런 경우에 속한다. 그는 제우스의 수많은 사생아들 중 한 명이라는 이유로 제우스의 질투 많은 아내 헤라에게 평생토록 핍박받았다. 정작 헤라클레스 자신은 아무런 잘못도 저지르지 않았는데 말이다. 또 다른 사례로 처녀 칼리스토가 있다. 여신 아르테미스를 충실히 모시며 꿋꿋이 처녀성을 지키던 그녀는, 뻔뻔스레 아르테미스로 둔갑하여 접근한 제우스에게 겁탈당하고 말았다. 칼리스토는 무고했지만, 제우스가 그녀를 탐했다는 이유로 아르테미스와 헤라의 분노를 사고 곰이 되어버렸다. 반면 제우스는 순진한 인간 여성들을 끊임없이 강제로 탐하면서 아무런 대가도 치르지 않았다. 이를 어떻게 이해해야 할까? 그리스 로마 신화의 신들은 완전무결함을 추앙받을 만한 완벽하고 윤리적인 존재가 아니었다. 오히려 인간의 외양을 하고 인간의 감정과 욕망을 품은 존재로 구상되었다. 신들이 인간과 차별화되는 주된 특성은, 모든 걸 알고 (대개는) 모든 일을 행할 수 있으며 불멸하다는 점이었다. 오비디우스는 위대한 서사시 『변신 이야기』에서 그런 식으로 행동하는 신들을 어떻게 숭배할 수 있겠느냐고 묻고 있었던 셈이다. 그럼에도 인간들이 신을 떠받든 것은 자신들의 가장 고결한 면모와 가장 추악한 면모가 신들에게 투영되었기 때문이 아닐까.

클라우디오스 프톨레마이오스(Claudius Ptolemaeus)

2세기 알렉산드리아에서 활동한 그리스계 천문학자이자 수학자. 지구를 우주의 중심에 두는 천동설을 수학적으로 정립하고 별들의 위치와 움직임을 집대성한 『알마게스트』를 남겼다. 이 책에 기록된 48개의 별자리 목록은 고대 그리스 로마 신화를 바탕으로 하늘을 체계적으로 구분한 최초의 시도였으며, 이후 1,500년 동안 서양 천문학의 기본 틀이 되었다.

1부

프톨레마이오스의 별자리

북반구 1사분면

마차부자리 * 물고기자리 * 삼각형자리 * 안드로메다자리

양자리 * 오리온자리 * 카시오페이아자리 * 페르세우스자리 * 황소자리

마차부자리

Auriga

저기, 사람들이 피사의 왕에게 소리쳐 경고하고 있다(네게도 그 소리가 들릴 테지.)
이곳은 펠로폰네소스의 아크라디아란다.
네 마리 말이 끄는 전차가 미르틸로스의 농간에 산산이 부서지는구나.

필로스트라토스, 『이마기네스*Imagines*』, 제1권 17장

주요인물

데메테르 곡물과 수확의 여신

미르틸로스 피사의 사악한 왕 오이노마오스의 마부

아가멤논 트로이 전쟁에서 그리스군을 지휘한 총사령관, 펠롭스의 후손

아말테이아 아기 제우스에게 젖을 먹였다는 염소

아테나 아테네의 수호신

에리크토니오스 헤파이스토스의 아들, 반인반사半人半蛇

오레스테스 아가멤논의 아들

오이노마오스 전차 경주에서 펠롭스에게 패한 피사의 왕

오케아노스 티탄족, 대지를 둘러싸고 흐르는 민물 강

케크롭스 전설상의 아테네 왕

클리메네 파에톤의 어머니

탄탈로스 한때 신들의 총애를 받았으나 내세에서 영원히 고문당하는 남자

테세우스 전설상의 아테네 왕, 히폴리토스의 아버지

티에스테스 펠롭스의 불행한 아들

파에톤 아버지 헬리오스의 전차를 몰다가 비극적인 최후를 맞는 소년

파이드라 테세우스의 아내, 히폴리토스의 계모

페르세포네 하데스에게 납치되는, 데메테르의 딸

펠롭스 탄탈로스의 아들, 피사의 차기 왕

포세이돈 바다의 신

헤르메스 전령의 신, 미르틸로스의 아버지

헤파이스토스 화산 불과 대장간의 신

헬리오스 태양신, 파에톤의 아버지

히포다메이아 피사의 아름다운 공주

히폴리테 아마조네스의 여왕, 히폴리토스의 어머니

히폴리토스 히폴리테와 영웅 테세우스의 아들

그리스 로마 신화에 등장하는 마부들 가운데 다수가 거대한 별자리인 마차부자리와 관련되어 있다. 그중 유명한 인물들을 꼽자면, 피사의 왕 오이노마오스의 불충한 마부 미르틸로스, 포세이돈의 손자 히폴리토스, 태양신의 전차를 몬 파에톤, 4두 전차를 발명했다고 전해지는 에리크토니오스를 들 수 있다.

헤르메스의 아들 미르틸로스는 영웅 펠롭스의 이야기에서 결정적인 역할을 맡는다. 한때 신들의 총아였지만 그 특권을 남용하다가 악명 높은 죄인으로 전락하고 마는 탄탈로스의 아들이 바로 펠롭스다. 탄탈로스는 신들을 만찬에 초대하고는 그들의 전지전능함을 시험하겠답시고 자신의 아들 펠롭스를 토막 내어 끓인 후 신들에게 대접했다. 신들은 눈앞의 음식이 불결하고 불경하다는 사실을 곧 알아차렸다. 그러나 얼마 전 딸을 잃은 슬픔으로 제정신이 아니었던 데메테르는 아무것도 눈치채지 못하고 펠롭스의 어깨 부위를 한 입 먹고 말았다. 놀란 제우스는 어깨에 상아를 대신 채워 넣어 펠롭스의 토막 난 몸을 다시 이어 붙이고 목숨을 되살렸다. 탄탈로스는 죗값으로 지하세계에서 영벌에 처해졌다. 물웅덩이 안에 서 있는 그가 물을 마시려고 고개를 수그리기만 하면 물이 줄어들고, 열매가 주렁주렁 달린 나뭇가지가 바로 위에 드리워져 있으나 배고픔에 그쪽으로 손을 뻗으면 가지는 저 멀리 물러났다. 그뿐이랴, 머리 위에는 큼직한 바위 하나가 언제 떨어질지 모르게 아슬아슬 매달려 있었다.

어느덧 혼기가 찬 청년 펠롭스는 피사의 왕 오이노마오스의 아리따운 딸 히포다메이아에게 홀딱 반했다. 공교롭게도 오이노마오스 역시 자신의 딸을 끔찍이 사랑한 나머지 영영 자기 곁에 붙잡아 두려 했다. 그는 이 비정상적인 욕정을 들키지 않고 딸의 혼인을 막기 위해 구혼자들에게 전차 경주를 제안했다. 오이노마오스가 무조건 이길 수밖에 없는 경주였다. 마부인 미르틸로스가 전차를 모는 동안 오이노마오스는 그 옆에 앉아 있다가 상대가 바짝 따라잡으면 화살을 쏘았다. 펠롭스가 피사에 당도했을 때, 경주에서 패하여 참수된 구혼자들 십여 명의 머리가 피사의 궁궐 앞 말뚝에 꽂혀 있었다. 또 찾아올 구혼자를 겁주어 단념시키기 위해서였다. 그러나 펠롭스는 물러서지 않았다. 그는 미르틸로스를 매수하기 위해 왕국의 절반과 히포다메이아와의 하룻밤을 약속했다. 유혹에 넘어간 미르틸로스는 왕의 전차를 준비하면서 바퀴를 축에 고정하는 쐐기를 빼버렸다. 경주 당일, 펠롭스가 히포다메이아를 데리고 전차에 훌쩍 올라타자 깜짝 놀란 오이노마오스는 직접 고삐를 쥐고 그 뒤를 좇았다. 전차에 속도가 붙자마자 바퀴가 빠져 버리고 왕은 전차 밖으로 내동댕이쳐져 치명상을 입었다. 결국 펠롭스는 피사의 왕이 되어 소중한 신부를 얻었다. 그러나 미르틸로스가 약속을 들먹이며 보상을 요구하자 약속을 지킬 생각이 전혀 없었던 펠롭스는 그를 근처 절벽에서 밀어버렸다. 바다에 빠져 죽어가던 미르틸로스는 펠롭스와 그의 후손들에게 저주를 내렸다. 그 후손 중 하나인 아가멤논은 트로이 전쟁에서 그리스 연합군을 이끌어 승리를 거두었지만, 후에 아내에게 무참히 살해되었다. 펠롭스의 아들 티에스테스는 형수와 간통을 저질렀으며, 아가멤논의 아들 오레스테스는 어머니를 죽였다. 한편, 미르틸로스는 떳떳하지 못한 짓을 저질렀는데도 헤르메스의 선처로 밤하늘에 자신의 흔적을 남기게 되었다.

마차부자리와 연관된 또 다른 마부 히폴리토스 역시 때아닌 죽음을 맞았다. 히폴리토스는 전설상의 아테네 왕 테세우스와 아마조네스의 여왕 히폴리테 사이에 태어난 사생아였다. 그의 불운은 테세우스의 아내 파이드라가 의붓아들인 자신에게 걷잡을 수 없는 연정을 품으면서 시작되었다. 히폴리토스에게 거절당하자 수치심에 휩싸인 파이드라는 스스로 목숨을 끊으면서 히폴리토스가 자신을 범하려 했다는 거짓 유서를 남겼다. 분노한 테세우스는 히폴리토스를 저주하며 그의 죽음을 빌었다. 그러자 포세이돈은 이 기도에 응답하여 히폴리토스가 전차를 몰고 있던 해안으로 황소 한 마리를 보냈다. 갑자기 바다에서 나타난 황소에 말들이 깜짝 놀라 내달리자 전차 밖으로 튕겨나간 히폴리토스는 고삐에 감긴 채 질질 끌려가다 죽었다. 후에 신들은 그를 되살리고 하늘로 올려 별자리로 만들었다.

불운과 비극적인 결말은 파에톤의 이야기에도 스며들어 있다. 파에톤은 태양신 헬리오스와 클리메네(티탄족 오케아노스의 딸 혹은 님페) 사이에 태어난 아들이었다. 클리메네는 파에톤을 낳은 후 이집트 왕과 결혼했고, 왕은 파에톤을 친아들처럼 키웠다. 그러나 어린 파에톤은 왕이 친아버지가 아니라는 사실을 알고는 자기가 누구의 아들인지 알아야겠다며 고집을 부렸다. 아버지가 헬리오스라는 말을 듣자 파에톤은 헬리오스의 궁전으로 찾아갔고, 태양신은 아들을 환대하며 자신이 친아버지라는 증거로 무슨 청이든 들어주겠노라 했다. 파에톤은 헬리오스의 활활 불타오르는 전차를 몰아보고 싶다고 했다. 아들의 안전을 걱정하면서도 헬리오스는 거절하지 못했다. 어떤 신이든 한 번 내뱉은 약속은 주워 담을 수 없으니. 이 숙명적인 하늘 여행의 시작은 좋았지만, 파에톤은 전차를 끄는 말들을 제대로 부릴 만한 노련함도 체력도 부족했다. 말들이 하늘을 질주하자 천상에 희부연 상처(은하수)가 번쩍이고 별자리들은 두려워하며 물러났다. 말들이 대지로 방향을 틀어 지표면을 불태우니 땅은 사막이 되어버리고, 인간들의 피부는 검게 그을렸다. 하늘과 땅 모두 위험에 처하자 제우스는 소년을 해치는 것이 내키지 않았지만 파에톤에게 벼락을 던졌고 파에톤의 주검이 하늘에서 에리다누스 강으로 떨어졌다. 헬리오스는 파에톤과 강을 기려 그 형상을 별자리로 만들었고, 그리하여 파에톤은 아버지의 전차를 모는 마부의 모습으로 하늘에 등장하게 되었다.

마지막으로, 훌륭한 업적을 남긴 아테네 왕보다는 기이한 출생과 외모로 더 유명한 에리크토니오스가 있다. 그는 화산 불과 대장간의 신인 헤파이스토스에게서 태어난 아들인데, 태어난 경위가 기이하기 짝이 없다. 헤파이스토스는 아테나를 탐했지만, 아테나는 그에게 눈곱만큼도 관심이 없었다. 욕정을 주체하지 못한 헤파이스토스가 그녀를 범하려 들자, 아테나는 그를 힘껏 밀쳤다. 그렇게 엎치락뒤치락하던 중에 정액 한 방울이 아테나의 허벅지에 떨어졌고 아테나는 그것을 땅으로 털어버렸다. 때가 되자 신의 씨가 떨어졌던 곳에서 뱀의 몸뚱어리를 가진 아이가 태어나니, 이 아이가 바로 에리크토니오스였다. 아테나는 갓 태어난 아이를 궤짝에 넣어 아테네 왕 케크롭스의 세 딸에게 주면서 무슨 일이 있어도 궤짝을 열어서는 안 된다 경고하며 아이를 안전하게 지키라 했다. 하지만 세 자매는 호기심을 이기지 못하고 궤짝 안을 슬쩍 들여다보았다. 눈에 보인 광경이 어찌나 끔찍했던지 그들은 두려움에 떨며 아크로폴리스의 성벽에서 뛰어내려 죽었다. 반인반사의 에리크토니오스는 결국 아테네의 왕위를 계승했고, 자신을 보호해준 어머니 아테나를기리는 의미에서 파나테나이아Panathenaia라는 대규모 축제를 창설했다고 한다. 4두 전차를 발명한 고결한 왕 에리크토니오스가 죽자 신들이 그를 하늘로 올려보냈다고 전하는 문헌들도 있다.

기묘하게도 마차부자리의 마부는 전차 없이 오른손에 채찍만 들고 있다. 더욱 기묘한 점은, 마부의 왼팔에 암염소 한 마리와 새끼 염소 두 마리가 안겨 있다는 것이다. 이 암염소는 신화에서 아기 제우스에게 젖을 먹이는 염소 아말테이아와 동일시된다.

마차부자리는 12월에서 2월 사이, 북위 90도-남위 34도에서 가장 잘 관측된다.

✷ 에리다누스강자리

물고기자리
Pisces

✷

적이 지척에 있는 것 같아 두려워서 새파랗게 질린 그녀는
아이를 무릎에 꼭 안고서 울부짖었다.
"도와다오, 님페들이여! 우리 두 신을 구해줘!"
그러곤 곧장 유프라테스강으로 뛰어드니,
물고기 두 마리가 그들 밑으로 헤엄쳐 왔다.
이 공로로 물고기 두 마리는 마땅한 상을 받아 별이 되었다.

오비디우스, 『로마의 축제들*Fasti*』, 제2권 467-472행

주요인물

가이아 대지의 여신

네메아의 사자 헤라클레스가 퇴치하는 사자 괴물

라돈 헤스페리데스의 사과를 지키는 용

아레스 전쟁의 신

아프로디테 사랑과 정욕을 관장하는 여신

제우스 신들의 왕

에로스 아프로디테와 아레스의 아들

티폰 올림포스 신들과 전쟁을 벌인, 머리가 백 개 달린 괴물

헤라클레스 열두 가지 과업으로 유명한 그리스 최고의 영웅

히드라 머리가 여럿 달린 뱀

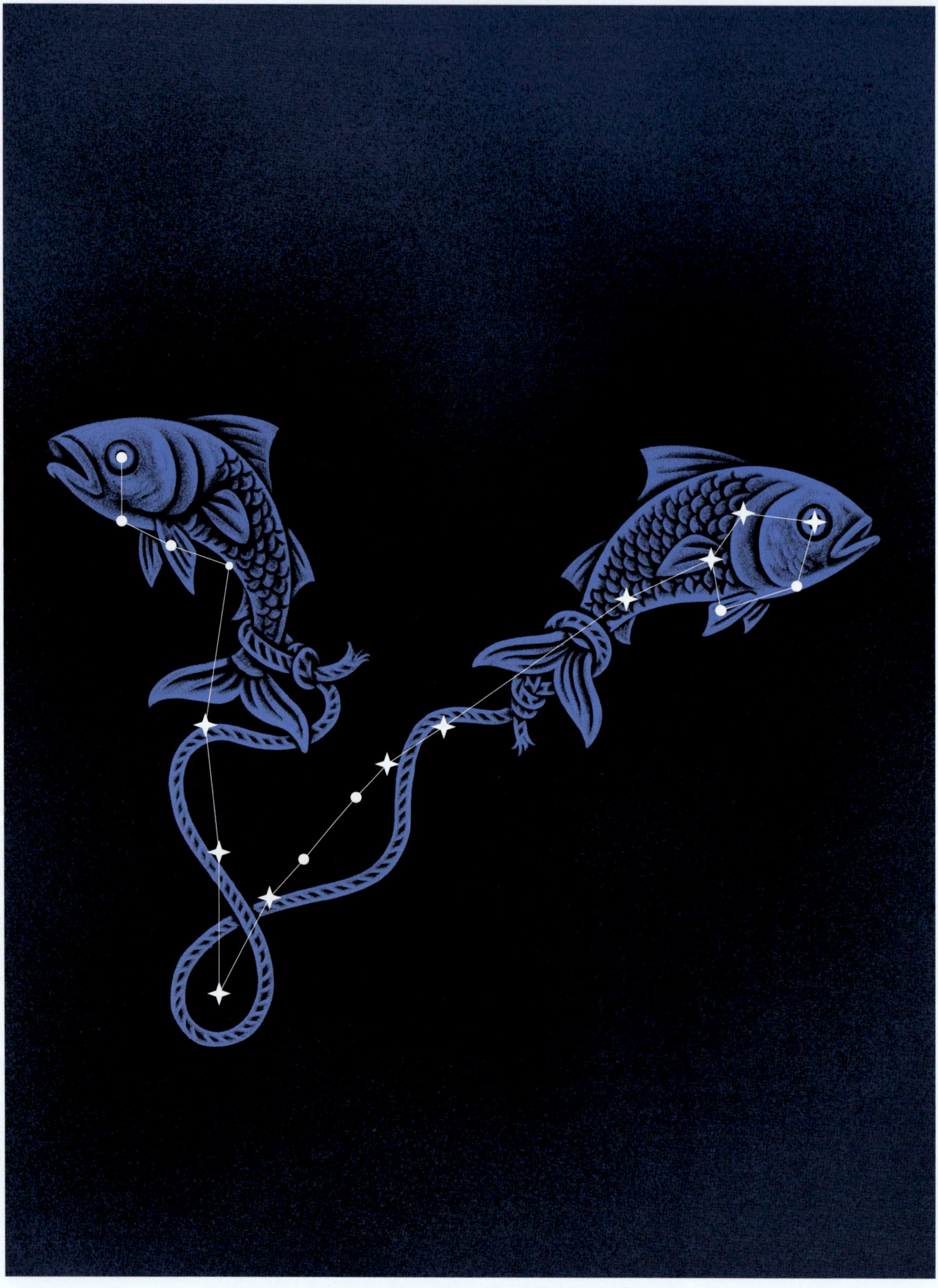

물고기자리의 물고기 두 마리는 사랑과 정욕의 여신 아프로디테 덕분에 하늘에 자리를 차지할 수 있었다. 두 물고기가 밤하늘에 등장한 계기는 교만한 괴물 티폰이 제우스와 다른 올림포스 신들을 차례로 공격했을 때였다. 우주 지배를 꿈꾼 티폰은 대지의 여신 가이아의 자식이었고, 백 개나 달린 뱀 머리로 불을 내뿜고 있어 보기만 해도 섬뜩했다. 공교롭게 티폰의 괴물 자식들도 헤라클레스를 비롯한 영웅들의 손에 많이 죽었다. 그중 몇몇은 별자리가 되었는데, 네메아의 사자(사자자리), 머리가 여럿인 히드라(바다뱀자리), 잠들지 않는 용 라돈(용자리)이 그렇다.

티폰의 표적이 되자 아프로디테는 시리아로 달아났고 맹렬한 추격에 쫓기다 어느새 유프라테스 강에 다다랐다. 전쟁의 신 아레스와의 사이에서 낳은 아들 에로스를 데리고 있던 아프로디테는 강에 깃든 님페들에게 도움을 청했고, 님페들은 그 부탁을 들어 주었다. 다급해진 아프로디테가 에로스를 꼭 껴안고 강물로 뛰어들자마자 물고기 두 마리가 느닷없이 나타나 어머니와 아들을 등에 안전하게 태웠다.

또 다른 전승에서는, 아프로디테와 에로스가 잠깐 물고기로 변신하여 달아난다. 이후로 그 지역 주민들은 우연히라도 여신과 아들을 잡아먹을까봐 물고기를 아예 먹지 않았다고 한다.

어쨌거나 그 물고기들은 아프로디테와 에로스를 극적으로 구해준 공로로 별들 사이에 자리 잡게 되었다.

물고기자리에 얽힌 또 다른 이야기가 있는데, 주인공은 변함없이 아프로디테이다. 이 버전에 따르면, 유별나게 커다란 알 하나가 유프라테스 강으로 굴러 들어갔고 물고기 몇 마리가 그것을 발견해 강변으로 밀어 올렸다. 그 알을 비둘기 한 마리가 보고는 부화할 때까지 품었다. 알을 깨고 나온 것은 새가 아니라 아프로디테였다. 여신을 지킨 동물들을 존중하고 숭배하는 의미로 지역민들은 그때부터 물고기나 비둘기를 먹지 않았다. 아프로디테를 구한 물고기들은 하늘로 올라가 별자리가 되었다. 물고기 두 마리는 꼬리가 끈으로 한데 묶여 있어 영원히 헤어질 수 없다.

물고기자리는 10월에서 11월 사이, 북위 83도-남위 56도에서 가장 잘 관측된다. 황도 12궁 중 하나로, 3월 중순에서 4월 중순 사이에 태양이 이 별자리를 지나간다. 두 물고기 중 한 마리의 머리가 북반구 4사분면까지 뻗어 있다.

✷ 바다뱀자리, 사자자리, 용자리, 헤라클레스자리

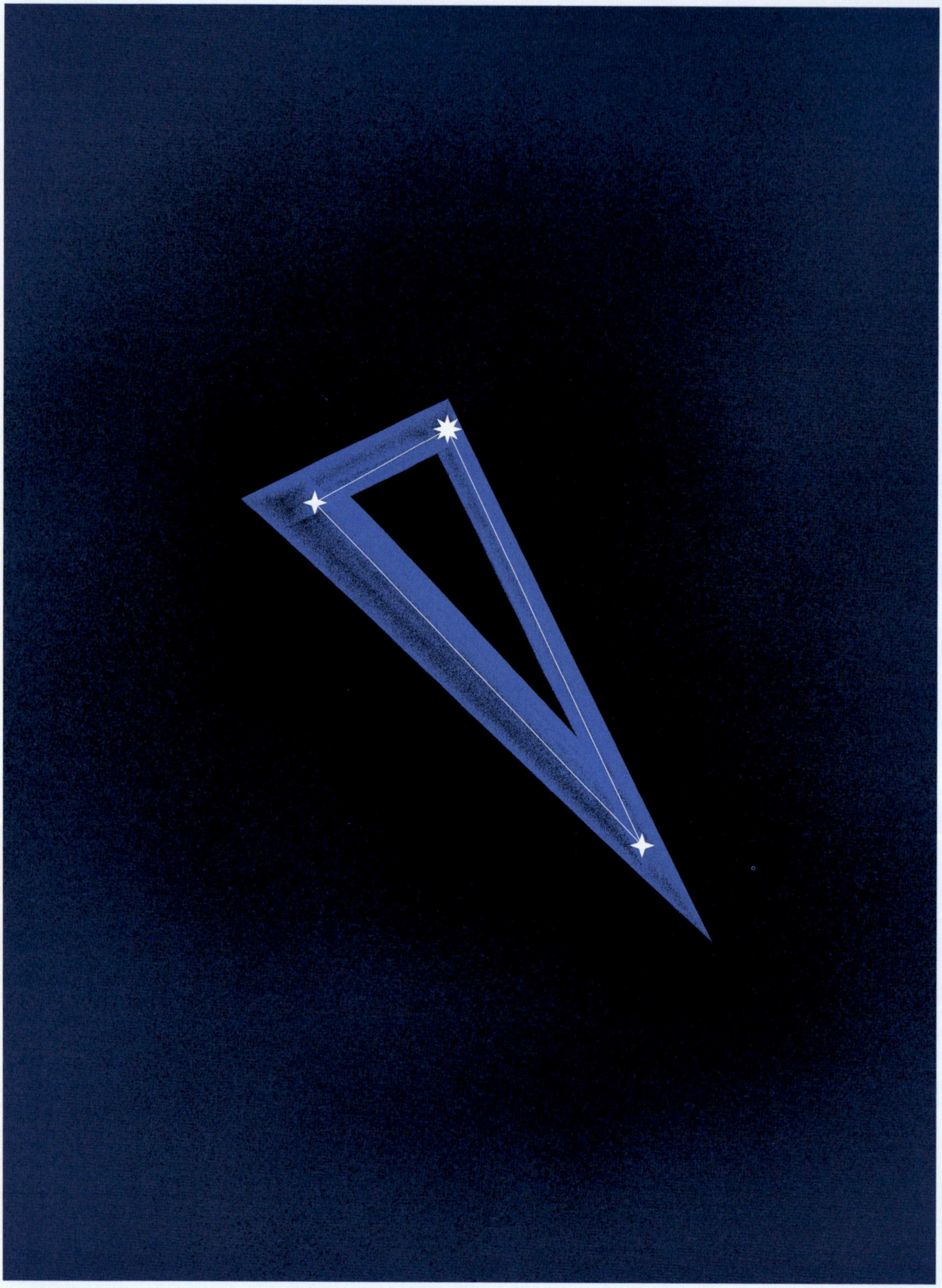

삼각형자리
Triangulum

사라진 딸을 그리워한 데메테르는 방방곡곡을 헤맸다.
그러자 시칠리아의 에트나 산은 비탈마다 화산 불에 뒤덮이고,
온 대지는 신음을 토했다.
딸을 잃은 어머니가 비탄에 잠기니,
제우스에게 사랑받는 인간들은 곡물이 부족해 죽어갔다.

디오도로스, 『역사 총서*Bibliotheca Historica*』 제5권 5장 1절

주요인물

데메테르 곡물과 수확의 여신
제우스 그리스 신들의 왕
크로노스 티탄족의 막내, 제우스의 아버지
페르세포네 데메테르의 딸, 하데스의 아내
포세이돈 바다의 신
하데스 지하세계의 신
헤르메스 전령의 신

작지만 뚜렷하게 눈에 띄는 삼각형자리는 단 세 개의 별로 이루어져 있으며, 각각의 별은 삼각형의 세 꼭짓점에 해당한다. 북반구의 이 별자리와 구분되는 남쪽삼각형자리Triangulum Australe는 르네상스 이후에 발견되었고 고대에는 알려져 있지 않았다.

삼각형자리에는 여러 신화가 얽혀 있는데, 이중 적어도 하나가 그리스 문자 델타Δ(대문자가 삼각형 모양)와 연관된 것은 결코 우연이 아니다. 그 이야기는 곡물과 수확의 여신 데메테르와 고대 농업의 중심지였던 시칠리아 섬을 중심으로 전개된다. 데메테르의 이름은 델타로 시작되고, 시칠리아 땅은 거의 완벽한 삼각형을 이루고 있다. 아니, 그리스인들과 로마인들의 눈에는 그렇게 보였다.

신화에서 데메테르는 망자의 신 하데스의 아내가 되는 페르세포네의 어머니로 가장 잘 알려져 있다. 신붓감을 물색하던 하데스는 그 일이 쉽지 않다는 것을 알고 있었다. 궁이 아무리 으리으리하다 한들 땅속 깊은 곳에서 함께 살아 주겠다고 나설 이가 있을 리 없었다. 그래서 하데스는 신부를 강제로 취하기로 하고, 데메테르와 제우스의 딸 페르세포네를 선택하여 초원에서 꽃을 꺾고 있던 그녀를 납치했다. 일부 신화에서는 그 초원이 시칠리아 섬에 있었다고도 한다.

실의에 빠진 데메테르는 온 세상을 헤매며 페르세포네를 찾았지만 헛수고였다. 데메테르의 절망과 분노가 깊어질수록 씨앗들은 싹을 틔우지 못하고 농작물은 자라지 않았다. 수확의 여신이 행복해야만 곡물은 무럭무럭 자랄 수 있었다. 시칠리아 섬의 농부들과 가축들이 특히 큰 타격을 입었다. 인간들이 제대로 먹지 못하고 공물을 바치지 못하니 결국 신들마저 고통받기 시작했다. 제우스가 중재에 나서 하데스를 찾아갔고, 하데스는 1년 중 몇 달은 페르세포네를 지상으로 돌려보내겠다고 약속했다. 페르세포네가 지하세계의 석류 씨앗을 먹었으니 어느 정도는 그곳에 묶인 몸이라는 판단에서였다. 페르세포네는 씨앗이 땅속에 잠들어 있는 동안은 지하세계에 있고, 씨앗이 싹을 틔우고 자라는 봄과 여름에는 어머니와 함께 지냈다. 이 사건들을 기념하는 의미로 데메테르는 하늘에 시칠리아 섬을 별자리로 새겼다.

삼각형자리의 명칭과 형상에 얽힌 또 다른 신화는, 제우스가 최고신으로 승격한 순간과 관련되어 있다. 제우스는 아버지 크로노스와 그 형제자매들인 티탄족을 물리치고 신들의 왕으로 등극했지만, 통치 구역을 형제인 포세이돈, 하데스와 나누는 것이 적절하다고 생각했다. 제비뽑기를 통해 제우스는 하늘을, 포세이돈은 바다를, 하데스는 지하세계를 통치하게 되었고 이 세 구역이 삼각형자리의 꼭짓점이 되었다.

또 다른 전승에 따르면, 삼각형자리는 헤르메스가 그리스 알파벳을 발명하고, 특히 제우스의 이름을 표기할 때 첫 문자로 쓰이는 델타를 고안한 일을 기념하는 별자리라고도 한다. 그런가 하면, 헤르메스가 양자리의 양 머리가 더 잘 보이게 하려고 삼각형자리를 양 머리 옆에 두었다는 설도 있다. 이 밖에도 신화와는 무관하게, 이 별자리가 나일 강이 지중해로 흘러드는 지역의 삼각형 모양 퇴적지인 나일 강 삼각주Nile Delta를 형상화한 것이라고 믿는 사람들도 있었다.

삼각형자리는 11월에서 12월 사이, 북위 90도-남위 52도에서 가장 잘 관측된다.
✷ 양자리

안드로메다자리
Andromeda

페르세우스는 험준한 바위에 두 팔이 묶인 공주를 보자마자
그 아름다움에 홀려서는 말문이 막히고 정염의 불길에 휩싸이고 말았다.
공주의 머리카락이 미풍에 나풀거리지 않았던들,
공주의 두 뺨이 눈물에 젖어 따스하게 반짝이지 않았던들,
페르세우스는 그녀를 숨 멎을 듯 황홀한 조각상으로 여겼을 것이다.

오비디우스, 『변신 이야기』, 제4권 672-676행

주요인물

네레이데스 바다의 님페들
메두사 고르고네스 세 자매 중 한 명
아테나 지혜와 방어전을 관장하는 그리스 여신
안드로메다 에티오피아의 공주
제우스 그리스 신들의 왕
카시오페이아 에티오피아의 여왕, 안드로메다의 어머니
케토스 바다 괴물
케페우스 에티오피아의 왕, 안드로메다의 아버지
페르세우스 메두사를 퇴치하고 안드로메다를 구하는 영웅
포세이돈 바다를 다스리는 그리스 신

안드로메다는 아름답기로 유명한 에티오피아 공주였다. 그녀의 아버지는 에티오피아의 왕 케페우스, 어머니는 왕비 카시오페이아였다. 카시오페이아가 딸의 미모를 자랑스러워하는 거야 이해할 만했으나, 모성에서 비롯된 자부심은 도가 지나쳐 오만이 되고 말았다. 카시오페이아는 자기 딸이 바다의 정령 네레이데스보다 아름답다고 공공연히 떠벌리고 다녔다. 이에 네레이데스는 노했고, 바닷속 이웃인 포세이돈이 그들의 편에 서서 팔을 걷고 나섰다.

여왕이 잘못을 저질렀다는 이유로 에티오피아 전역이 포세이돈의 진노에 벌벌 떨어야 했다. 포세이돈은 거대한 해일을 일으켜 왕국의 땅을 휩쓸어버리고 무시무시한 바다 괴물 케토스를 보내어 그곳의 백성들과 가축을 짓밟고 괴롭히게 하였다. 초조해진 케페우스 왕이 리비아의 사막으로 가서 아몬 신의 영험한 신탁을 구했더니, 이 재앙을 해결하려면 그의 딸 안드로메다를 제물로 바쳐야 한다는 답이 내려왔다. 이런 연유로 안드로메다는 포세이돈의 괴물에게 바쳐지는 사랑스러운 먹잇감으로 바닷가의 험한 바위에 묶이는 신세가 되었다.

공주가 앞으로 닥칠 운명을 기다리던 때 마침 영웅 페르세우스가 메두사의 잘린 머리를 손에 든 채 날개 달린 샌들을 신고 그녀의 머리 위를 날아가고 있었다. 세리포스 섬의 폭군과 강제로 혼인할 위기에 처한 어머니를 구하기 위해 서둘러 가는 길이었지만, 안드로메다의 미모에 정신이 팔려 공중에 그대로 멈추어 버렸다. 공주에게 첫눈에 반해버린 페르세우스는 괴물을 처치해줄 테니 안드로메다와 혼인시켜달라며 케페우스와 협상을 벌였다. 협상 끝에 괴물은 단박에 없앴지만, 공주를 차지하는 데 방해가 되는 뜻밖의 장애물이 있었다. 안드로메다는 케페우스의 형제인 피네우스와 약혼한 상태였다. 안드로메다의 선택은 분명 페르세우스였다. 자신을 구해준 그를 진심으로 사랑했다. 그러나 피네우스는 모욕당했다 분노하고 약속은 약속이라며 안드로메다를 놓아주지 않았다. 페르세우스 역시 물러날 생각이 없었고, 평화로운 해결책은 좀처럼 나오지 않았다. 그러나 페르세우스에게는 새로이 나타난 이 강적을 상대로 써먹을 만한 완벽한 무기가 있었다. 페르세우스는 피네우스와 그의 벗들이 모여 있는 연회장에 들이닥쳐, 뱀 머리칼이 우글대는 메두사의 섬뜩한 머리를 치켜들어 모두를 돌로 만들어버렸다.

안드로메다는 페르세우스와 함께 세리포스 섬으로 건너갔고, 후에는 그리스 본토의 아르고스, 라리사, 티린스 같은 도시들로 옮겨 다녔다. 결국 페르세우스는 강력한 티린스의 왕이 되고 안드로메다는 왕비가 되었다. 모범적인 아내이자 어머니였던 안드로메다는 페르세우스와의 사이에 딸 하나와 아들 여섯을 낳았다. 훗날 안드로메다가 사망하자 페르세우스와 특별한 인연이 있는 아테나는 그녀의 미덕을 인정하여 하늘의 별들 사이에 그녀의 자리를 만들어 주었다. 안드로메다와 함께 페르세우스, 그녀의 부모, 바다 괴물 케토스 모두 별자리가 되어 영생을 얻었다.

가장 많이 알려진 별자리 가운데 하나인 안드로메다자리는 영웅 페르세우스에게 발견될 당시 쇠사슬에 묶여 있던 공주의 형상을 하고 있다. 별이 된 공주는 거의 북반구 1사분면에 갇혀 있지만, 공주의 오른팔은 북반구 4사분면으로 뻗어 있다. 이 별자리가 특히 유명한 이유는 지구에 가장 가까운 은하인 안드로메다은하**M31**[*]를 품고 있기 때문이다. 지구에서 200만 광년 이상 떨어진 안드로메다은하는 망원경 없이 볼 수 있는 천체 중 가장 멀다.

안드로메다자리는 10월에서 11월 사이, 북위 90도-남위 37도에서 가장 잘 관측된다.
✷ 고래자리, 카시오페이아자리, 케페우스자리, 페가수스자리, 페르세우스자리

* M은 18세기경 프랑스 천문학자 샤를 메시에가 혜성을 관측하여 세계 최초로 작성한 성운 및 성단 목록을 가리킨다.

양자리

Aries

자기 아이들이 죽임당하리라는 걸 눈치챈 네펠레는
어린 프릭소스와 딸 헬레를 낚아채어, 헤르메스가 보내준 황금 숫양에 태웠다.
양은 두 아이를 싣고 땅과 바다 위의 하늘을 날았다.
그러나 시게이온과 케르소네소스 사이의 바다에 이르렀을 때
헬레는 바다로 떨어져 죽었다.

아폴로도로스, 『도서관*Bibliotheke*』, 제1권 9장 1절

주요인물

네펠레 아타마스의 첫 아내

아레스 전쟁의 신

아이에테스 콜키스의 왕

아타마스 오르코메노스의 왕, 프릭소스와 헬레의 아버지

이아손 황금 양피를 되찾으러 가는 그리스 영웅

제우스 신들의 왕

프릭소스 아타마스와 네펠레의 아들

헤르메스 전령의 신, 나그네들의 수호신

헬레 프릭소스의 누이

영웅 이아손과 용맹한 아르고호 원정대가 찾아 나선 양피는 바로 양자리의 기원인 양의 털가죽이었다. 그 양은 그저 평범한 양이 아니었다. 하늘을 날 뿐만 아니라 털가죽이 귀한 황금으로 되어 있었다. 그리스 중부 보이오티아 지방에 있는 오르코메노스의 왕비 네펠레가 헤르메스에게 받은 이 숫양에는 다음과 같은 사연이 얽혀 있다.

네펠레는 아타마스 왕의 첫 아내였다. 왕은 알고 보면 지지리도 불운한 남자였는데, 흐린 판단력으로 네펠레가 아직 살아 있을 때 후처를 들였다. 새 아내 이노는 두 아들을 낳았지만, 네펠레의 아들 프릭소스가 왕위를 물려받고 자기 자식들은 찬밥신세가 될까 봐 두려웠다. 감히 아타마스에게 정면으로 맞설 수는 없어 프릭소스를 제거할 간계를 몰래 꾸몄다. 이노는 왕국의 창고에 비축된 종자를 태우게 하여, 봄에 씨를 뿌렸을 때 싹을 틔우지 못하게 만들었다. 기근이 찾아올 것은 뻔한 일이었다. 깜짝 놀란 아타마스 왕은 기근을 피할 방도를 찾기 위해 델포이의 아폴론 신전으로 사절을 보내어 신탁을 받아 오라 했다. 그러나 사절은 신의 말씀을 있는 그대로 전하지 않았다. 델포이에서 돌아오자마자 이노에게 붙잡혀 매수당한 사절은 이노가 지어낸 말을 왕에게 전했다. 인간을 제물로 바치는 것만이 유일한 해결책이고, 그 제물은 네펠레의 아들 프릭소스가 되어야 한다고 말이다. 물론 아타마스는 내키지 않았지만, 대안이 보이질 않으니 제물을 바치기로 마음먹었다. 다행히 네펠레는 아버지의 손에 죽을 운명으로부터 프릭소스를 구할 수 있었다. 네펠레의 간청에 헤르메스가 선물로 보낸 황금 숫양이 하늘을 날아 기적처럼 나타나자 네펠레는 프릭소스와 헬레 남매를 그 등에 태웠다. 남매는 양을 타고 안전한 땅을 향해 날아갔다. 그러나 유럽과 아시아를 가르는 해협을 지나갈 때 헬레가 균형을 잃고 바닷물로 떨어져 죽고 말았다. 헬레가 빠져 죽은 해협은 그녀의 이름을 따 헬레스폰트(헬레의 바다)라고 불리게 되었다. 지금은 다르다넬스 해협이라 한다.

한편 프릭소스는 흑해 연안의 콜키스 왕국까지 무사히 날아갔다. 아이에테스라는 왕이 다스리는 나라였다. 프릭소스는 콜키스에 도착하자 감사한 마음으로 제우스에게 양을 바쳤다. 신들은 양의 공로를 치하하여 그 형상을 하늘로 올려 별자리로 만들었으며, 털가죽은 전쟁의 신 아레스에게 봉헌된 숲의 참나무 가지에 걸렸는데, 훗날 잠들지 않는 용이 철통같이 지키고 있던 털가죽을 되찾기 위해 아르고호(아르고자리)를 타고 온 사람이 바로 이아손이었다. 프릭소스는 아이에테스의 딸과 결혼하여 많은 자식을 얻고 오래오래 천수를 누렸다.

양자리는 11월에서 12월 사이 북위 90도-남위 58도에서 가장 잘 관측된다. 황도 12궁 중 하나로, 4월 중순에서 5월 중순 사이에 태양이 이 별자리를 지나간다.
✷ 아르고자리

오리온자리
Orion

그 어떤 영웅보다 덩치가 크고 힘이 센 오리온은 사냥을 열렬히 사랑했으며
막강한 체력과 명예욕 덕분에 건설자로서 위대한 공적을 남겼다.

디오도로스 시켈로스, 『역사 총서』, 제4권 85장 1절

주요인물

가이아 대지의 여신, 오리온의 어머니
시데 오리온의 허풍스럽고 교만한 첫 아내
아르테미스 사냥의 여신, 야생 동물의 수호신
에우리알레 몇몇 전승에서 오리온의 어머니로 알려진 공주
오리온 신화 최고의 사냥꾼 중 한 명, 거구의 남자
오이노피온 키오스의 왕, 시데의 아버지
제우스 신들의 왕, 오리온의 세 아버지 중 한 명
케달리온 눈먼 오리온에게 길을 안내해준 청년
포세이돈 바다의 신, 오리온의 세 아버지 중 한 명
헤라 신들의 여왕
헤르메스 전령의 신, 오리온의 세 아버지 중 한 명
히리에우스 오리온의 양부

이 별자리의 기원인 영웅 오리온은 고전 신화 최고의 사냥꾼 가운데 한 명으로 엄청난 거구의 사내였다. 바닷속에 들어가 똑바로 서면 머리가 물에 잠기지 않을 정도로 키가 컸다고 한다. 또, 이상하리만치 불운하고 결함 있는 인물이기도 했다. 몇몇 전승에서는 오리온이 크레타의 공주 에우리알레와 포세이돈 사이에 태어난 아들이라고 한다. 그리스 중부 보이오티아(혹은 발칸 산맥·에게해·흑해에 둘러싸인 트라키아)의 왕 히리에우스의 양아들이라는 설도 있다.

히리에우스 왕은 자식이 없어 왕위 계승 문제로 늘 고심하고 있었는데, 마침 제우스와 포세이돈, 헤르메스가 인간 세상을 돌아다니다 히리에우스의 궁에 들렀다. 신들은 왕의 환대에 고마워하며 무슨 소원이든 들어주겠노라 했다. 히리에우스의 소원은 물론 아들을 얻는 것이었다. 신들은 영문도 모르는 히리에우스에게 최근 제사에 쓴 소의 가죽을 가져오라 하고는 거기에 오줌을 누어 땅에 묻었다. 아홉 달 후, 놀랍게도 그곳에서 우량아 오리온이 태어났다. 오리온은 히리에우스를 아버지로 여겼다. 엄밀히 따지면 어머니는 흙으로 그를 품어준 대지의 신 가이아였다.

오리온은 성인이 되어 시데라는 여인과 결혼했지만, 이 혼인은 오래가지 못했다. 헤라보다 자기가 더 아름답다고 떠벌리고 다니던 시데가 헤라의 벌로 목숨을 잃었기 때문이다. 그러자 오리온은 키오스 섬으로 떠났고, 오이노피온 왕의 딸에게 홀딱 반한 나머지 감정을 가누지 못하고 공주에게 부적절한 접근을 시도했다. 오이노피온 왕은 이를 강간으로 간주하고 분노하여 오리온을 맹인으로 만든 다음 바닷가로 쫓아버렸다.

'아버지' 포세이돈 신에게서 물 위를 걷는 능력을 선물로 받았던 오리온은 키오스 섬에서 렘노스 섬으로 건너가, 길잡이 청년 케달리온을 데려왔다(혹은 납치했다). 오리온은 이 청년을 어깨에 태운 채 세상의 동쪽 끝까지 갔고, 그곳에 사는 태양신 헬리오스에게 눈을 치료받아 시력을 되찾았다.

오이노피온에게 복수하려다 실패하는 등 우여곡절을 겪은 끝에 크레타 섬에 도착한 오리온은 여신 아르테미스와 어울렸다. 오리온과 아르테미스는 전원을 누비며 사냥을 즐겼지만, 이 관계 역시 악연으로 끝나고 말았다. 사냥 실력이 높은 경지에 오르자 자만한 오리온이 대지의 모든 짐승을 죽일 수 있노라 큰소리를 떵떵 쳤기 때문이다. 신들, 특히 야생 동물의 수호신인 아르테미스로서는 생각하기만 해도 끔찍한 일이었다. 고대에 사냥은 순수 스포츠가 아니라, 사냥감에 대한 공경과 존중이 전제되어야 하는 행위였다. 그래서 짐승을 잡을 때마다 기도와 감사 인사를 올렸다. 오리온의 허세에 분노한 대지의 신 가이아는 오리온이 자신의 입으로 예고한 잘못을 저지르기 전에 거대한 전갈을 보내어 독침으로 그를 찔러 죽이게 했다.

제우스는 동물 세계를 지키는 데 한몫한 전갈이 기특하기도 하고 인간들에게 경고의 메시지도 날릴 겸 전갈을 별자리로 만들었다. 전갈의 거대한 집게발은 후에 다른 별자리(집게발이 아니라 저울로 보는 사람이 많아서 천칭자리가 되었다)로 분리되었는데, 모순된 감정으로 갈등하던 아르테미스는 오리온이 가여워져 제우스에게 오리온도 그 용맹함을 기려 별자리로 만들어달라 청했다. 이리하여 함께 밤하늘의 별자리로 남게 된 전갈과 오리온은 하나가 뜨면 다른 하나는 반대편으로 저문다. 오리온의 충견도, 오리온의 사냥감으로 짐작되는 토끼도 오리온자리의 풍경에 함께한다. 보통 오리온의 사냥개 두 마리 가운데 오리온이 아끼던 개가 큰개자리, 몸집이 더 작은 개가 작은개자리라고들 한다. 토끼는 토끼자리가 되었다.

지구의 어디에서나 볼 수 있는 오리온자리는 오른손으로 곤봉(혹은 검)을 치켜들고 왼손에 짐승 가죽을 걸친 채 밤하늘을 힘차게 활보한다. 아주 밝은 세 별은 그의 허리띠를 이룬다. 천구의 적도에 걸쳐 있고 허리띠와 하반신이 남반구 1사분면까지 뻗은 오리온자리는 하늘에서 거대한 존재감을 뽐낸다.

오리온자리는 12월에서 1월 사이, 북위 79도-남위 67도에서 가장 잘 관측된다.
✷ 작은개자리, 전갈자리, 천칭자리, 큰개자리, 토끼자리

카시오페이아자리

Cassiopeia

✷

케페우스의 아내 카시오페이아는 네레이데스와 미모를 다투며
자기가 더 아름답다고 뽐내었기에 네레이데스의 분노를 샀고,
포세이돈도 그들과 함께 노여워하며 홍수와 괴물을 보내 왕국을 침략케 했다.

아폴로도로스, 『도서관』, 제2권 4장 3절

주요인물

메두사 머리카락이 뱀인 고르곤, 페르세우스에게 목을 잘리는 괴물

아몬 그리스인들이 제우스와 동일시한 이집트 신

아테나 지혜와 방어전의 여신

안드로메다 페르세우스가 바다 괴물 케토스로부터 구하는 에티오피아 공주

카시오페이아 에티오피아의 왕비, 안드로메다의 어머니

케토스 포세이돈이 에티오피아의 해안을 쑥대밭으로 만들기 위해 보낸 바다 괴물

케페우스 에티오피아의 왕, 안드로메다의 아버지

포세이돈 바다의 신

카시오페이아는 에티오피아의 왕 케페우스의 아내였다. 그녀가 별들 사이에 한 자리를 차지할 수 있었던 건 선행이 아닌 오만 때문이었다. 오만과 심각한 판단 착오로 감히 바다의 님페들인 네레이데스와 미모를 겨룬 것이다. 설상가상으로 자기가 그들보다 더 아름답다고 떠벌리기까지 했다. 당연히 네레이데스는 이 교만한 호언장담에 분노했다. 그들의 이웃인 포세이돈도 함께 노여워하며 케페우스의 왕국에 두 가지 징벌을 내렸으니, 홍수와 바다 괴물 케토스가 에티오피아의 해안을 쑥대밭으로 만들었다.

그러자 케페우스 왕은 이 재앙을 해결할 방도를 찾아 리비아의 아몬 신탁소까지 갔다. 그곳에서 얻은 답은 지독히도 슬펐지만, 별다른 도리가 없었다. 자신의 딸을 왕국의 해안에 높다랗게 솟은 바위에 묶어 케토스에게 바쳐야 했다. 그런데 이 무슨 행운인지, 고르곤(고르고네스의 단수형) 메두사의 목을 벤 후 돌아가는 중이던 영웅 페르세우스가 그 위를 날아가고 있었다. 마침 아래를 내려다본 페르세우스는 안드로메다를 보자마자 한눈에 반해버렸고, 그녀를 구해서 신부 삼기로 마음먹었다. 그래서 케페우스와 카시오페이아에게 접근하여, 도와줄 테니 딸과 혼인시켜 달라고 했다. 왕과 왕비는 선뜻 승낙했고, 페르세우스는 안드로메다를 구해냈지만, 공주의 약혼자인 삼촌을 물리친 후에야 그녀를 데리고 떠날 수 있었다.

안드로메다와 페르세우스의 생이 끝나자 아테나는 그들을 불멸의 별자리로 만들었다. 안드로메다의 부모와 바다 괴물 케토스 역시 포세이돈의 결정으로 별자리가 되었다. 그러나 카시오페이아는 하늘로 올라가서도 형벌을 면치 못하여, 거꾸로 뒤집힌 의자에 앉은 채 두 발을 허공에 쳐들고 하늘을 떠돌아야 했다.

이 이야기가 조금 변형된 버전에서 카시오페이아는 자기가 아닌 딸 안드로메다가 네레이데스보다 더 아름답다고 과시하다가 님페들과 포세이돈에게 앙갚음당한다. 결과는 같다. 바다 괴물이 에티오피아 땅을 휩쓸고, 케페우스는 이 괴물을 제거하려면 안드로메다를 제물로 바쳐야 한다는 아몬의 신탁을 받는다. 페르세우스가 안드로메다를 구해 신부로 맞고, 모든 인물이 별자리가 된다.

카시오페이아자리는 10월에서 12월 사이, 북위 90도-남위 12도에서 가장 잘 관측된다.
✷ 고래자리, 안드로메다자리, 케페우스자리, 페르세우스자리

페르세우스자리

Perseus

그는 위험한 동굴 속으로 뛰어들어가 돌벽에 바짝 붙은 채,
쉭쉭 소리를 내는 헝클어진 머리칼을 시작으로 마치 곡식을 수확하듯
고르곤의 버둥대는 목을 베어내 낯을 붉게 물들였다.

논노스, 『디오니소스 이야기*Dionysiaca*』 제31권 17-20행

주요인물

그라이아이 백발을 가진 자들, 괴물 세 자매

다나에 아르고스의 공주, 페르세우스의 어머니

딕티스 세리포스 섬의 어부, 폴리덱테스의 형제

메두사 고르고네스 세 자매 중 한 명

아크리시오스 그리스 도시 아르고스의 왕

아테나 지혜와 방어전의 여신

아폴론 예언과 치유의 신

안드로메다 에티오피아의 공주

에리니에스 복수의 정령들

제우스 그리스 신들의 왕

카시오페이아 에티오피아의 여왕, 안드로메다의 어머니

케토스 바다 괴물

케페우스 에티오피아의 왕, 안드로메다의 아버지

크리사오르 메두사의 자식, 페가수스의 형제

페가수스 천마, 메두사의 자식

페르세스 페르세우스와 안드로메다의 아들

페르세우스 메두사를 처치하고 안드로메다를 구하는 영웅

폴리덱테스 세리포스 섬의 사악한 왕, 딕티스의 형제

헤르메스 전령의 신

히포다메이아 피사의 공주

페르세우스자리의 주인공은 뱀 머리칼이 돋은 무시무시한 괴물 메두사의 목을 벤 것으로 유명한 그리스 영웅 페르세우스다. 그는 다나에 공주와 그리스 신들의 왕 제우스 사이에 태어난 아들이었다. 이런 부모를 두었으니 특권을 누리며 마음 편히 살았을 법도 하지만, 태어난 순간부터 그의 인생은 파란만장한 모험으로 얼룩져 있었다. 그것도 그가 태어나기 훨씬 전 벌어진 사건들 때문에 말이다.

페르세우스의 할아버지인 아르고스의 아크리시오스 왕은 왕위를 물려줄 아들을 절실히 원했지만, 왕비는 딸만 줄줄이 낳았다. 아들을 얻을 수나 있을지 알고 싶어 왕은 그리스 북부의 델포이에 있는 유명한 아폴론 신탁소로 찾아갔는데, 그곳에서 기겁할 이야기를 들었다. 아폴론을 섬기는 무녀가 이르기를, 그의 인생에 아들은 영영 없으리라는 것이 아닌가. 뒤이은 무녀의 말은 이러했다. “다나에가 낳는 아들이 그대의 목숨을 거두리라.” 그렇다면 다나에를 감금하는 것이 최선책일 듯했다. 그리스에서 살인은 사형에 처해질 범죄였으므로 다나에를 죽일 순 없었기 때문이다. 더군다나 가족을 죽였다간, 피에 굶주린 복수의 정령들 에리니에스에게 평생 쫓기며 제 명대로 못 살 터였다.

이런 사연으로 페르세우스는 사방이 막힌 방에서 잉태되고 태어났다. 철통 보안 속에 누구도 뚫고 들어갈 수 없는 방에서. 그러니까, 신을 제외한 그 누구도 말이다. 걸핏하면 다른 모습으로 변신하여 인간 여성을 유혹하고 동침한 제우스는 이번에는 황금빛 물줄기로 변신하여 방의 작디작은 틈으로 흘러들어갔고, 이 만남으로 페르세우스가 잉태되었다.

딸이 임신했다는 경악할 소식을 접한 아크리시오스는 딜레마에 빠졌다. 다나에를 직접 죽였다간 자신의 목숨을 부지하기 어려웠기 때문이다. 그래서 아크리시오스는 남자아이가 태어나자 다나에와 갓 태어난 페르세우스를 죽음에 이르게 하기 위해 튼튼한 청동 궤에 집어넣어 바다에 띄워 보내라는 명령을 내렸다. 그러나 청동 궤는 신들의 가호 속에 세리포스 섬의 해안으로 밀려와 딕티스라는 어부에게 발견되었다.

인정 많은 딕티스는 다나에와 페르세우스를 자기 집으로 데려갔다. 그곳에서 모자는 평온한 나날을 보냈지만, 불행하게도 어느 날 다나에가 딕티스의 형제이자 세리포스 섬의 사악한 왕인 폴리덱테스의 눈에 띄고 말았다. 폴리덱테스는 다나에에게 푹 빠져 그녀를 아내로 맞으려 했지만, 눈에 쌍심지를 켜고 어머니 곁을 지키는 어린 페르세우스가 눈엣가시였다.

그렇다고 살인을 택할 순 없었으므로 폴리덱테스는 목숨을 잃게 할 수도 있는 위험한 과제로 페르세우스를 도발하는 간계를 꾸몄다. 우선 진의를 감춘 채, 피사의 공주 히포다메이아를 왕비로 맞을 것이라는 거짓 소문을 퍼뜨리고 결혼식에 사람들을 초대하며 결혼 선물로 말을 요구했다. 고대 그리스에서 말은 가장 귀한 짐승으로 부와 권력의 최고 상징이었다. 폴리덱테스는 미천한 어부로 자란 페르세우스가 그런 값비싼 선물을 마련할 수 없으리라는 걸 알기에 대안을 제시했다. 바로 페르세우스가 절대 손에 넣을 수 없을 메두사의 머리였다. 페르세우스가 용케 메두사를 찾는다 해도 그 목을 베고 살아남을 리 만무했다.

메두사는 세상 끝의 축축하고 컴컴한 동굴에 사는 고르고네스라는 세 자매 중 한 명이었다. 악몽에나 나올 듯 소름 끼치는 그 괴물들은 입안에 날카로운 송곳니가 나 있고, 청동으로 된 발톱이 있었으며, 머리에는 뱀 머리칼이 꿈틀거렸다. 그중 둘은 불사의 존재였고, 메두사는 그렇지 않았다. 그래도 결코 호락호락한 상대는 아니었다. 설사 그녀를 죽일 수 있다 해도, 그녀와 눈을 마주치는 자는 바로 돌이 되어버렸다. 이때 아테나와 헤르메스가 기꺼이 조력자로 나섰다. 페르세우스는 그들이 일러준 대로 기묘한 세 자매 그라이아이(백발을 가진 자들)를 찾아 나섰다. 그들은 하나밖에 없는 이빨과 눈을 차례로 돌아가며 쓰는 백발의 노파들이었다. 아테나는 그라이아이에게서 북쪽 끝의 님페들이 있는 곳을 알아내 찾아가면, 님페들이 그의 과제에 필요한 장비를 줄 거라고 했다. 하지만 그라이아이는 고르고네스의 자매들이었으므로 고르고네스를 위험에 빠트릴 만한 정보를 얻어내려면 속임수를 써야 할 터였다. 페르세우스는 그라이아이를 찾아내서는, 헤르메스가 알려준 대로 그들의 눈을 잡아챘다. 앞을 못 보게 된 세 자매는 눈을 돌려받는 조건으로 님페들의 거처를 알려줄 수밖에 없었다.

이윽고 만난 친절한 정령들은 메두사의 머리를 넣을 가방, 재빠른 탈출을 도와줄 날개 달린 샌들, 머리에 쓰면 투명인간이 되는 모자를 챙겨 주었다. 헤르메스는 세상에서 가장 단단한 아다만트* 검을, 아테나는 반짝반짝 윤이 나는 방패를

* 그리스 신화에 등장하는 매우 단단한 금속으로, 크로노스가 아버지 우라노스를 거세할 때 어머니 가이아에게 받은 낫이 아다만트로 만들어졌다고 한다.

주었다. 단단히 준비를 마친 페르세우스는 고르고네스 자매의 굴로 향했다. 굴의 차가운 벽에 바짝 붙어 최대한 소리를 내지 않고 살금살금 기어들어갔다. 모자를 써서 그의 모습이 보이지 않는다 해도 두렵기는 매한가지였다. 굴 깊숙이 들어가자, 웅송그린 채 곯아떨어져 있는 세 자매가 보였다. 방패를 거울로 삼아 거기에 비친 모습을 보았기에 그들을 직접 쳐다볼 필요가 없었다. 페르세우스는 소리 없이 잽싸게 메두사에게 돌진하여 그 무시무시한 머리를 베어냈다. 그때 잘린 목에서 이미 다 자란 모습의 천마 페가수스와 거대한 몸집의 크리사오르가 솟아 나왔다. 과거 아름다운 여인이었던 메두사는 포세이돈에게 겁탈당한 적이 있었다. 이 폭력적인 만남을 통해 기묘하고도 끔찍한 방식으로 잉태된 괴물들은 훨씬 더 기묘한 방식으로 태어났다. 어머니의 머리가 잘려나간 후에야 비로소 세상 밖으로 나올 수 있었던 것이다.

페르세우스는 검과 메두사의 머리를 손에 들고서 동굴 입구로 향했다. 밖으로 나가자마자 메두사의 머리를 가방에 집어넣고 달아나는데, 잠에서 깨어난 메두사의 자매들이 뒤쫓아 왔다. 날개 달린 샌들을 신고 하늘 높이 떠오른 페르세우스는 두 자매를 거뜬히 따돌리고 지체 없이 세리포스 섬으로 날아갔다. 그러다 아리따운 안드로메다 공주가 무서운 바다 괴물 케토스에게 제물로 바쳐지기 위해 험준한 절벽에 묶여 있는 광경을 보았다. 안드로메다의 아버지이자 에티오피아의 왕인 케페우스는 바다 괴물과 대홍수 때문에 쑥대밭이 되고 있는 왕국을 구하기 위해 마지못해 딸을 제물로 바치라는 명령을 내린 터였다. 페르세우스는 안드로메다를 신부로 얻는 조건으로 괴물을 퇴치해 주었다. 그들의 공주와 땅이 무사했으니 에티오피아 백성들은 환호했다.

하지만 페르세우스와 안드로메다의 행복을 가로막는 장애물이 남아 있었다. 잇따른 연회에 참석하면서 페르세우스는 안드로메다가 케페우스 왕의 형제와 이미 약혼했다는 사실을 알게 되었다. 안드로메다를 차지하려면 싸워야 했지만, 싱거운 싸움이었다. 주변을 에워싼 적들 앞에 메두사의 머리를 쳐들어 그들 모두를 돌로 만들어버렸다.

메두사의 머리를 가방에 고이 모신 채 페르세우스는 새 신부를 데리고 세리포스 섬으로 돌아갔다. 섬에 도착했더니 사악한 폴리덱테스 왕이 그의 어머니를 계속 쫓아다녔으며, 전에 선포했던 결혼식은 새빨간 거짓말이라는 이야기가 들렸다. 그의 어머니와 딕티스는 폴리덱테스를 피해 숨어 지내고 있었다. 분노한 페르세우스는 궁으로 향했고, 그곳에서는 마침 폴리덱테스와 친구들이 연회를 즐기는 중이었다. 페르세우스가 연회장에 들이닥치자 사람들은 깜짝 놀라 눈이 휘둥그레져서는 귀신이라도 본 듯 그를 쳐다보았다. '페르세우스는 분명 죽었을 텐데!' 그들이 경악하여 눈을 못 떼는 사이, 페르세우스는 메두사의 머리를 다시 들어 올려 연회장에 모인 사람들을 돌로 만들었다.

왕위를 원치 않은 페르세우스는 어부였던 딕티스를 그 자리에 앉힌 다음, 할아버지인 아크리시오스 왕을 찾아 안드로메다와 함께 고향 아르고스로 떠났다. 그와 어머니를 바다에 던져 불확실한 운명으로 내몬 아크리시오스지만 페르세우스는 그에게 전혀 악감정이 없었다. 가방과 샌들, 모자, 방패도 주인에게 돌려주어야 했다. 전쟁의 여신 아테나는 메두사의 머리를 선물로 받자 흉갑에 자랑스레 박아두었다.

한편, 페르세우스의 활약을 전해 들은 아크리시오스는 손자가 찾아올까 봐 두려워 아르고스를 떠나 그리스 북부의 라리사로 달아났다. 아폴론의 예언을 피할 수 있으리라는 희망을 끝내 놓지 못한 것이다. 페르세우스는 아크리시오스가 떠났다는 사실을 알고는 그를 뒤따라갔고, 아크리시오스가 그토록 두려워한 예언은 결국 라리사에서 실현되었다. 아크리시오스와 페르세우스가 라리사에 있을 때 공교롭게도 그곳 왕의 아버지가 세상을 떠났다. 그리스의 관습대로 고인을 기리는 운동 경기가 열렸고, 유명 인사가 된 페르세우스도 경기에 참여했다. 그런데 그가 5종 경기에서 던진 원반이 우연히 아크리시오스를 맞혀 죽이고 말았다. 기쁘기는커녕 할아버지를 죽인 것이 수치스럽기만 했던 페르세우스는 아르고스의 왕위를 거절하고 아르고스의 이웃 도시 티린스를 다스리고 있던 사촌과 자리를 맞바꾸었다.

티린스를 다스리게 된 페르세우스와 안드로메다는 딸 하나에 아들 여섯을 두었고, 그중 페르세스는 훗날 페르시아인들의 시조가 된다. 페르세우스는 그리스의 가장 위대한 영웅 중 한 명으로 기억되었고, 그가 죽자마자 아테나는 페르세우스와 그의 아내 안드로메다를 별자리로 만들었다. 밤하늘에서 부부는 이웃한 케페우스자리, 카시오페이아자리, 고래자리와 함께 영생을 누리고 있다. 메두사의 신비로운 아들 페가수스도 별이 되어 하늘에 한 자리를 차지하게 된다. 페르세우스는 메두사의 머리를 움켜잡고 검을 휘두르는 모습을 하고 있다.

페르세우스자리는 10월에서 12월 사이, 북위 90도-남위 31도에서 가장 잘 관측되지만, 일부분은 북쪽 하늘에서 일 년 내내 볼 수 있다.

✸ 고래자리, 안드로메다자리, 카시오페이아자리, 케페우스자리, 페가수스자리

황소자리

Taurus

황소에게 반한 파시파에는 다이달로스에게
그 짐승을 유혹할 도구를 만들어달라고 사정했지.
그래서 다이달로스는 속이 텅 빈 암소를 만들었단다.
황소가 스스럼없이 다가갈 수 있도록 말이지.
그들의 결합으로 미노타우로스라는 기이한 반인반우가 태어났어.

필로스트라토스, 『이마기네스』 제1권 16장

주요인물

다이달로스 미노타우로스의 미궁을 지은 전설적인 장인

미노스 크레타 섬의 왕

미노타우로스 파시파에가 낳은 반인반수의 괴물

아리아드네 크레타 섬의 공주

에우로페 제우스에게 납치당하는 티레의 공주

제우스 그리스 신들의 왕

테세우스 미노타우로스를 처치한 아테네의 왕자

파시파에 크레타 섬의 왕비

포세이돈 바다의 신

헤라클레스 열두 가지 과업으로 유명한 그리스 최고의 영웅

황소자리가 그리스 신화의 어느 황소를 가리키는지는 고대에도 의견이 분분했는데, 주로 언급되는 후보는 둘이었다. 공교롭게도 둘 모두 크레타 섬과 미노스 왕의 이야기에 등장한다. 우선 헤라클레스가 일곱 번째 과업으로 생포하여 그리스로 끌고온 황소가 별자리의 주인공이라는 설이 가장 유력했다. 크레타의 황소라 불리는 이 근사한 짐승은 미노스의 왕위 계승이 정당함을 증명하는 기적의 증표로 바다에서 모습을 드러냈다. 크레타 섬의 왕위를 두고 다툼이 벌어졌을 때 미노스는 바다의 신인 포세이돈에게 도움을 주십사 기도를 올렸다. 포세이돈은 기도에 응답하여 황소를 보내주었지만, 미노스는 너무도 매혹적인 이 짐승을 포세이돈에게 제물로 바치기가 아까웠다. 이 실수의 대가는 무거웠다.

포세이돈은 미노스의 아내인 파시파에가 미노스의 황소에게 끝없는 욕정을 품게 만들었다. 견디기 힘들어진 왕비는 결국 명장 다이달로스에게 도움을 청했고, 다이달로스는 속이 텅 빈 나무 암소를 실물 크기로 만들었다. 파시파에는 그 안으로 들어가 황소와 교접한 후 임신하여 반인반우의 미노타우로스를 낳았다. 미노타우로스라는 이름은 '미노스의 황소'라는 뜻이다. 이 괴물은 흉측한 외모를 가졌을 뿐 아니라 인육을 먹기까지 했다.

수치심과 공포에 휩싸인 미노스는 다이달로스에게 괴물을 가둘 미궁을 짓게 했다. 미노타우로스의 먹이로는, 크레타 섬의 속국인 아테네가 조공으로 바치는 일곱 청년과 일곱 처녀를 주기적으로 넣어 주었다. 이 오랜 비극은 아테네 영웅 테세우스의 등장으로 끝을 맞았다. 자의로 크레타 섬에 들어간 테세우스는 미노스의 딸 아리아드네의 도움을 받아 미노타우로스를 처치하고 무사히 미궁을 빠져나왔다. 한편, 미노타우로스의 아버지인 포세이돈의 황소는 크레타 섬의 시골을 배회하다 헤라클레스에게 붙잡혀 그리스 본토로 끌려갔다. 헤라클레스는 짐승을 어깨에 짊어지고 그리스로 데려갔다가 마라톤이라는 곳에서 풀어주었다. 훗날 그곳에서 테세우스는 황소를 죽여 아테네의 수호신인 아테나에게 바쳤고, 제우스는 헤라클레스의 과업에 관련된 다른 수많은 짐승이나 괴물과 함께 그 황소도 하늘의 별자리로 만들었다.

또 다른 전승에 따르면, 황소자리는 지금의 레바논에 있는 티레의 공주 에우로페의 이야기와 관련되어 있다. 에우로페에게 반한 제우스는 그녀에게 접근할 계책을 궁리했다. 그러다 묘안을 떠올렸으니, 아름답고 온순한 흰 소로 둔갑하여 바닷가에서 에우로페 앞에 나타났다. 황소의 아름다움과 온화함에 넋을 잃은 에우로페는 초원의 꽃들을 엮어 황소의 머리에 화관을 씌워주었다. 황소가 고개를 숙이자 에우로페는 겁도 없이 그 등에 올라탔다. 그러자마자 황소 모습의 제우스가 바닷물로 펄쩍 뛰어들어 에우로페를 크레타 섬까지 데려갔고 그곳에서 에우로페와 제우스 사이에 미노스를 비롯한 세 아들이 태어났다.

미노타우로스의 아버지건 황소로 둔갑한 제우스건 간에, 황소자리는 천상의 파도에서 솟아오르는 듯한 황소의 앞부분(머리, 앞다리, 어깨)만 보여준다.

황소자리는 12월에서 1월 사이, 북위 88도-남위 58도에서 가장 잘 관측된다. 황도 12궁 중의 하나로, 5월 중순에서 6월 중순 사이에 태양이 이 별자리를 지나간다.
✷ 헤라클레스자리

북반구 2사분면

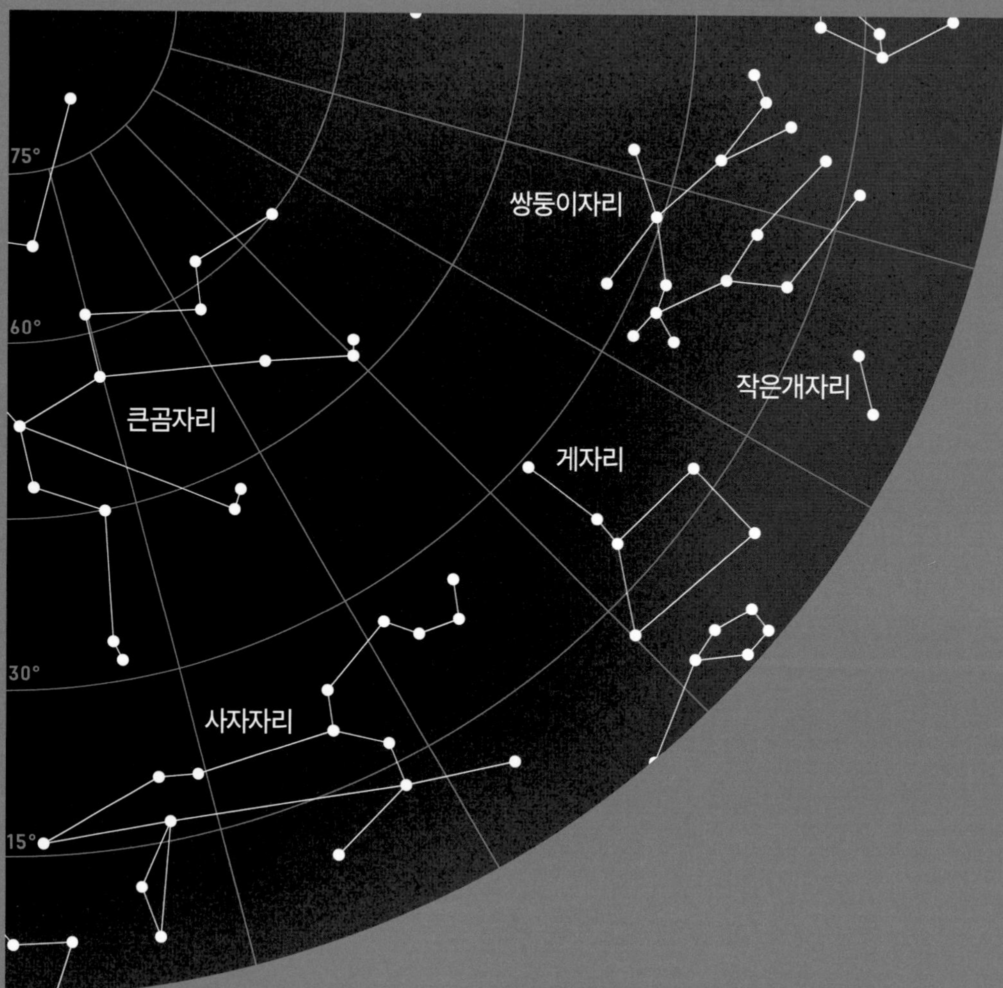

게자리 * 사자자리 * 쌍둥이자리

작은개자리 * 큰곰자리

게자리

Cancer

헤라클레스가 레르나의 히드라와 싸울 때 늪에서 나와
헤라클레스의 발을 문 게가 헤라의 선처로 게자리라는 별자리가 되었다고 한다.

히기누스, 『시적 천문학*Astronomica*』, 제2권 23장 1절

주요인물

게자리[의 게] 헤라클레스를 공격한 거대한 게

레르나의 히드라 머리가 여럿 달린 뱀, 헤라클레스와 대적한 괴물

사자자리[의 사자] 헤라클레스가 첫 번째 과업에서 퇴치하는 네메아의 사자

쌍둥이자리[의 쌍둥이] 트로이의 헬레네의 쌍둥이 오라비들

헤라 신들의 여왕

헤라클레스 열두 가지 과업으로 유명한 그리스 최고의 영웅

게자리는 헤라클레스의 유명한 과업에서 작지만 흥미로운 역할을 하는 게의 모습을 하고 있다. 헤라가 헤라클레스에게 부과한 불가능에 가까운 열두 과업 중 하나가 레르나의 히드라라는 무시무시한 괴물을 죽이는 것이었다. 머리가 여럿 달린 뱀 괴물 히드라는 펠로폰네소스 반도의 동해안에 있는 레르나 늪지에 살았다. 헤라클레스는 히드라를 상대로 악전고투했다. 머리를 하나 베어낼 때마다 그 자리에서 금세 두 개가 새로 자라났기 때문이다. 그때 거대한 게 한 마리가 근처 물에서 나오더니 그의 발목을 덥석 물었고, 격분한 헤라클레스는 이 성가신 게를 짓밟아 죽여버렸다. 헤라클레스를 혼내주려 끈질기게 노력하던 헤라는 이 게를 용맹한 협력자로 여겨 별자리로 만들어 주었다. 별이 된 게는 사자자리와 쌍둥이자리 사이에 자리하고 있다.

게자리는 2월에서 3월 사이, 북위 90도-남위 57도에서 가장 잘 관측된다. 황도 12궁 중 하나로, 7월 중순에서 8월 중순 사이에 태양이 이 별자리를 지나간다.
✷ 바다뱀자리, 사자자리, 쌍둥이자리, 헤라클레스자리

사자자리

Leo

그토록 거대한 괴수는 아르고스를 샅샅이 뒤진다 한들 찾을 수 없으리라.
곰이나 멧돼지나 늑대라면 모를까, 그런 몸집의 사자는 어디에도 없으니.

테오크리토스, 『목가집*Eidyllia*』 25편 184-186행

주요인물

네메아의 사자 어떤 무기로도 가죽이 뚫리지 않는 사자, 사자자리의 주인공

레르나의 히드라 머리가 여럿 달린 뱀 괴물

에우리스테우스 티린스와 미케네의 사악하고 비겁한 왕

에키드나 반인반사의 괴물, 네메아의 사자의 어미

제우스 그리스 신들의 왕, 헤라클레스의 아버지

케르베로스 지하세계 입구를 지키는 삼두견三頭犬

티폰 백 개의 뱀 머리에서 불을 내뿜는 괴물, 네메아의 사자의 아비

헤라 신들의 여왕, 제우스의 아내

헤라클레스 네메아의 사자를 퇴치하는 과업을 맡은 그리스 최고의 영웅

사자자리는 펠로폰네소스 반도 북동부 네메아에 있는 제우스의 성역 부근 주민들을 공포로 몰아넣은 거구의 포악한 사자를 기념하는 별자리다. 네메아의 사자라 불린 그 사자는 대지의 여신 가이아가 낳은 고대의 무시무시한 피조물들 티폰과 에키드나 사이에 태어난 괴물 자식들 중 하나였다. 아비인 티폰은 불을 내뿜는 백 개의 머리로 짐승 소리를 내며 인간과 말을 주고받았다. 티폰의 짝 에키드나는 하반신은 뱀, 상반신은 인간 여성이었다. 네메아의 사자에게는 머리 여럿 달린 뱀 히드라, 지옥의 개 케르베로스, 헤스페리데스의 정원을 감시한 용 라돈(용자리), 사자·염소·용의 혼종 괴물 키마이라 등 괴이한 형제자매들이 있었다.

몸집이 거대하고 성질이 포악한 네메아의 사자는 헤라가 헤라클레스를 괴롭히는 데 더할 나위 없이 좋은 수단이었다. 고전 신화에서 인간은 고의로 죄를 짓지 않고도 신들에게 벌을 받는다. 헤라클레스의 경우에는 하필 헤라의 남편 제우스의 사생아로 태어났고, 헤라는 제우스의 바람기에 진절머리가 나 있었다. 그래서 헤라클레스에게 고달픈 삶을 안겨 주기로 작정하고 일련의 사건을 일으켜 헤라클레스를 그 유명한 열두 가지 과업으로 내몰았다.

헤라클레스에게 떨어진 첫 번째 과업은 네메아의 사자를 죽여 티린스의 왕 에우리스테우스에게 바치는 것이었다. 네메아에 당도하여 사냥감을 발견한 헤라클레스는 화살을 사자에게 겨누었다. 화살은 명중했지만, 사자의 등에 흠집 하나 내지 못하고 그대로 튕겨 나갔다. 이 사자의 가죽은 어떤 무기로도 뚫을 수 없다는 소문이 과연 사실이었던 것이다. 따라서 전략을 수정해야 했다. 쭉 관찰해 봤더니, 사자가 매일 먹잇감 사냥 후 돌아가는 동굴에 입구가 두 군데 뚫려 있었다. 헤라클레스는 사자가 동굴에서 나가기를 기다려 한쪽 입구를 바위로 막아 놓고는 숨어서 기다렸다. 그의 새로운 전략이란 오로지 힘과 격투 실력으로 사자를 제압하여 죽이는 것이었다. 그리고 전략대로 사자를 구석으로 몰아넣은 후 목을 잽싸게 움켜잡고 힘껏 졸라 그 짐승을 무릎 꿇렸다. 헤라클레스는 사자의 사체를 어깨에 짊어진 채 티린스로 향했다. 사자를 에우리스테우스 왕에게 보인 뒤 가죽을 벗겨 망토처럼 어깨에 걸쳤다. 그날부터 헤라클레스는 고생 끝에 얻은 이 특별한 옷을, 그의 초인간적 위상에 걸맞은 상징으로 늘 입고 다녔다. 한편, 헤라는 자신을 도와준 공로를 인정하여 네메아의 사자를 별자리로 만들어 주었다. 당장이라도 먹잇감을 덮칠 기세로 살짝 몸을 웅크리고 있는 형상이다.

사자자리는 3월에서 4월 사이, 북위 82도-남위 57도에서 가장 잘 관측된다. 황도 12궁 중 하나로, 8월 중순에서 9월 중순 사이에 태양이 이 별자리를 지나간다.

✷ 바다뱀자리, 용자리, 헤라클레스자리

쌍둥이자리
Gemini

별자리가 되기 전의 쌍둥이 형제가
칼리돈을 쑥대밭으로 만들고 있는 멧돼지를 사냥하러 나섰으니,
촉이 번쩍이는 창을 높이 치켜든 채 공격 태세를 갖추고
눈처럼 새하얀 준마를 천천히 몰아 멧돼지에게 다가갔다.

오비디우스, 『변신 이야기』 제8권 372-375행

주요인물

레다 스파르타의 왕비, 카스토르와 폴룩스의 어머니
멜레아그로스 칼리돈의 멧돼지를 죽인 영웅
아르테미스 야생 동물의 수호신
아미코스 베브리케스족의 야만스러운 왕
아탈란타 발이 빠르기로 유명한 사냥꾼
이아손 황금 양피를 찾아 떠난 아르고호 원정대를 이끈 영웅
이피클레스 헤라클레스의 쌍둥이 형제
제우스 신들의 왕
카스토르 폴룩스의 필멸의 형제, 쌍둥이자리의 쌍둥이 중 한 명
트로이의 헬레네 트로이의 왕자 파리스에게 납치되는 아름다운 스파르타 공주
틴다레오스 스파르타의 왕, 카스토르의 아버지
폴룩스 제우스의 아들, 카스토르의 쌍둥이 형제
헤라클레스 열두 가지 과업으로 유명한 그리스 최고의 영웅

쌍둥이자리는 트로이의 헬레네의 비범한 쌍둥이 오라비들인 카스토르와 폴룩스를 기리는 별자리다. 위대한 영웅 헤라클레스와 그의 쌍둥이 형제 이피클레스처럼, 카스토르와 폴룩스는 아버지가 서로 달랐다. 폴룩스는 스파르타의 여왕 레다가 백조로 둔갑한 제우스와 정을 통하여 낳은 아들이다. 제우스의 이 변신을 기념하는 별자리(백조자리)도 있다. 반면, 카스토르는 레다와 인간 남편인 틴다레오스왕 사이에서 태어났다. 사정이 이렇다 보니 폴룩스는 불멸의 존재, 카스토르는 필멸의 인간이었으나, 카스토르도 생의 끝에는 불멸성을 얻게 된다. 형제는 영웅적인 공적을 많이 세웠을 뿐만 아니라, 곤경에 처한 인간들, 특히 뱃사람들에게 큰 친절을 베풀었다.

형제의 특기를 말하자면, 카스토르는 말 조련 솜씨가 뛰어났고 헤라클레스의 아이들에게 승마술과 펜싱을 가르쳤다. 폴룩스는 특히 권투에 능해서, 형제의 초기 모험 중 하나인 아르고호 원정 때 머나먼 흑해 연안에서 실력을 유감없이 발휘했다. 쌍둥이 형제는 이아손을 주축으로 한 불세출의 그리스 용사들과 함께 아르고호를 타고 아주 특별한 양(양자리)의 황금 양피를 찾아 떠났다. 아르고호 원정대Argonautai가 상대한 수많은 적들 가운데에는 지금의 튀르키예 북서부에 살았다고 전해지는 베브리케스족의 야만스러운 왕 아미코스도 있었다. 그는 자기 영토에 처음 발을 들이는 자들을 환대하기는커녕 매번 권투 시합을 요구했다. 그리스에서는 이방인을 환대하는 것이 규범이자 문화를 대표하는 관습이었으므로, 그러한 요구는 누구도 예상치 못할 심각한 모욕이었다. 아르고호 원정대가 당도하기 전까지 한 번도 패한 적 없던 아미코스는 드디어 폴룩스라는 호적수를 만났다. 폴룩스는 단 한 번의 일격으로 아미코스를 죽였다.

쌍둥이 형제는 그리스 서부 칼리돈의 들판을 망쳐놓고 주민과 가축을 해치고 다니는 거대한 멧돼지를 처치하기 위한 유명한 사냥에도 참여했다. 야생의 신으로, 야생 동물을 수호하는 아르테미스가 칼리돈의 왕을 벌하기 위해 보낸 멧돼지였다. 왕이 한 해의 수확물을 신들에게 바치는 제사를 지낼 때 깜빡하고 아르테미스를 챙기지 않는 치명적인 실수를 저지른 탓이었다. 멧돼지는 발 빠르고 노련한 여성 사냥꾼 아탈란타에게 상처를 입은 후 영웅 멜레아그로스의 손에 숨통이 끊어졌다.

카스토르와 폴룩스는 아테네의 왕자 테세우스에게 납치되어 강제로 결혼할 위기에 처한 누이 헬레네를 구한 적도 있었다. 이랬던 형제가 자기네 아내감을 찾겠다고 분별없는 짓을 벌이다가 생을 마감하다니, 참으로 기묘한 일이다. 형제가 눈독 들인 여인들은 이미 약혼한 사촌들이었다. 그러나 형제는 이를 아랑곳하지 않고 결혼식 당일에 사촌들을 스파르타로 데려가 버렸다. 당연히 쌍둥이 형제와 신랑들 간에 싸움이 벌어졌다. 필멸의 몸이었던 카스토르는 이 다툼에서 목숨을 잃었다. 상심한 폴룩스는 아버지 제우스에게 자신의 형제도 불멸의 삶을 누리게 해달라고 애원했다. 그 후 두 형제 모두 쌍둥이자리를 이루는 별이 되었다. 카스토르와 폴룩스는 이 별자리에서 가장 밝은 두 별의 이름이지만, 폴룩스가 더 밝은데도 정작 육안으로 볼 수 있는 건 카스토르다.

여기에 그치지 않고 제우스는 쌍둥이 형제를 폭풍우로부터 뱃사람을 지키는 수호자로도 만들었다. 뱃사람들이 위험에 처하면 형제는 성 엘모의 불St. Elmo's fire이라는 극적인 대기 현상으로 모습을 드러냈다.

쌍둥이자리는 1월에서 2월 사이, 북위 90도-남위 55도에서 가장 잘 관측된다. 황도 12궁 중 하나로, 6월 중순에서 7월 중순 사이에 태양이 이 별자리를 지나간다.
✷ 백조자리, 아르고자리, 양자리, 헤라클레스자리

작은개자리
Canis Minor

아래 평원에 구릉이 하나 솟아 있기에 거기로 올라가
이 전대미문의 경주를 지켜보았소.
여우가 붙잡히는가 싶더니 멀쩡하게 빠져나가지 뭐요.
똑바로 내달리지 않고 느닷없이 방향을 바꾸며
추격자의 주둥이를 요리조리 약삭빠르게 피했다오.
그러다 다시 빙 돌아와서는 적의 공격을 빠져나가는 거요.
그래도 사냥개는 계속 따라붙으며 위협했지만,
턱을 꽉 다물 때마다 아슬아슬하게 허공만 베어물 뿐이었소.

오비디우스, 『변신 이야기』, 제7권 779-786행

주요인물

디오니소스 포도주와 포도주 양조의 신
라일라프스 사냥감을 절대 놓치지 않는 사냥개
마이라 이카리오스의 충견
아르테미스 사냥의 여신, 야생 동물의 수호신
암피트리온 영웅 페르세우스의 아들
오리온 고전 신화 최고의 사냥꾼 중 한 명
이카리오스 디오니소스를 신봉하는 아테네 농부
제우스 신들의 왕
케팔로스 사냥꾼, 암피트리온의 친구
크레온 테베의 왕
테우메소스의 여우 절대 붙잡히지 않는 운명을 지녀 테우메소스 주민들을 공포로 몰아넣은 여우
헤라 신들의 여왕, 제우스의 아내

작은개자리의 기원에 관한 신화는 고대 작가들 사이에서도 의견이 크게 엇갈렸으며, 이 별자리의 주인공을 큰개자리의 개와 혼동하거나 하나로 합쳐버리는 경우도 많았다.

심지어 개가 아닌 동물과 동일시하기도 했으니, 바로 테우메소스의 여우다. 헤라(혹은 디오니소스)가 테베의 마을 테우메소스로 보낸 이 여우는 가축은 물론 아이들까지 해치며 주민들을 공포로 몰아넣었지만, 테우메소스 사람들이 왜 그런 벌을 받았는지는 확실치 않다. 여우는 주민들에게 공포의 대상이었고 신의 부름을 받은 짐승이라 절대 붙잡히지 않았다. 그러다 영웅 암피트리온이 여우를 퇴치하러 나섰다. 테베의 왕 크레온은 암피트리온이 처남들의 원수를 갚는 데 힘을 보태 주겠다면서, 대신 여우를 제거해달라는 조건을 내걸었다. 혼자 힘으로는 여우를 잡을 수 없다는 사실을 잘 알고 있던 암피트리온은 사냥감을 절대 놓치지 않는 비범한 사냥개 라일라프스를 선물 받아 데리고 다니는 젊은 사냥꾼 케팔로스를 찾아냈고, 라일라프스를 풀어 여우를 쫓게 하자 쫓고 쫓기는 추격전이 끊임없이 이어졌다. 제우스가 끼어들어 두 짐승을 돌로 만들어버리지 않았다면 그 싸움은 영원히 끝나지 않았을 것이다. 여우와 라일라프스가 각각 작은개자리와 큰개자리로 하늘에 자리하면서 이 전율 넘치는 추격전은 영원히 사람들의 기억에 남게 되었다.

반면, 몇몇 작가들은 오리온이 데리고 다닌 사냥개 두 마리 중 더 작은 개가 작은개자리의 주인공이라고 믿었다. 또 어떤 작가들은 단 한 마리였던 오리온의 사냥개가 이 별자리의 주인공이라고 주장했다. 어쨌거나, 오리온이 전갈의 독침에 목숨을 잃은 후 아르테미스의 선처로 사냥개 한 마리 혹은 두 마리와 함께 별자리가 되었다는 이야기다. 신들은 크레타 섬의 모든 짐승을 사냥하여 죽일 수 있다고 뽐낸 혹은 위협한 오리온을 죽음으로 벌하기 위하여 어마어마한 크기의 전갈을 보냈다. 제우스는 공적을 세운 전갈을 별자리(전갈자리)로 만들어 주었다. 그러자 한때 동료 사냥꾼으로 오리온을 아꼈던 아르테미스는 오리온의 영웅다운 위업을 기려 오리온과 사냥개(들)도 하늘로 올려달라고 제우스를 설득했다.

작은개자리와 연관된 또 다른 주인공으로, 신앙심 깊은 아테네 농부 이카리오스의 충견 마이라가 있다. 이카리오스가 집에 돌아오지 않자 마이라는 이카리오스의 딸 에리고네를 어딘가로 데려갔는데, 그곳에는 이웃 양치기들에게 살해된 이카리오스의 주검이 있었다. 이카리오스는 디오니소스가 선물한 포도주를 양치기들과 나누었는데, 양치기들은 이 새로운 술을 폭음하여 인사불성으로 취하자 겁에 질렸다. 급기야는 이카리오스가 술에 독을 탔다고 오해하여 몽둥이로 그를 때려 죽였다. 아버지의 죽음을 알고 비탄에 잠긴 에리고네는 목매어 자살하고, 충견 마이라 역시 절망하여 우물로 뛰어들어 죽었다. 그러자 이 가족을 가엾게 여긴 제우스가 마이라까지 셋 모두를 별자리로 만들었다고 한다. 이카리오스는 목동자리, 에리고네는 처녀자리, 마이라는 작은개자리가 되었다.

작은개자리는 2월에 북위 89도-남위 77도에서 가장 잘 관측된다.
✷ 목동자리, 오리온자리, 큰개자리, 전갈자리, 처녀자리

큰곰자리
Ursa Major

헤라는 연적 칼리스토의 머리채를 휘어잡아 땅으로 질질 끌고 다녔다.
칼리스토는 두 팔을 들어 올려 자비를 구했다.
그러나 이렇게 애원하는 순간 그녀의 흰 팔다리에 거뭇한 털이 자라고,
두 손은 쭉 늘어나더니 끝에 구부러진 발톱이 돋아 발이 되고,
제우스에게 애무받았던 입은 흉한 턱으로 일그러져 으르렁거렸다.

오비디우스, 『변신 이야기』, 제2권 476-481행

주요인물

리카온 아르카디아의 왕, 칼리스토의 아버지

아르카스 칼리스토와 제우스의 아들

아르테미스 야생의 여신, 야생 동물의 수호신

제우스 신들의 왕

칼리스토 아르테미스를 섬기는 신봉자, 아르카스의 어머니

헤라 신들의 여왕, 제우스의 질투심 많은 아내

큰곰자리와 가장 흔히 연결되는 곰은 본디 짐승이 아니었다. 펠로폰네소스 반도의 산악 지대 아르카디아를 다스리던 리카온 왕의 아리따운 딸이었다. 칼리스토는 '가장 아름다운'이라는 뜻의 이름에 걸맞게 아름다울 뿐만 아니라 순결하고 순수했으며 처녀신 아르테미스를 충실히 섬기고 따랐다. 그러던 어느 날, 불운하게도 제우스의 눈에 칼리스토가 띄고 말았고 신들의 왕은 그녀를 취하기로 마음먹었다. 그토록 순수한 이의 마음을 쉽게 얻을 수 없으리라는 걸 알고 제우스는 입에 담지 못할 고약한 짓을 저질렀다. 아르테미스와 닮은 꼴로 둔갑한 것이다. 아르테미스의 모습으로 다가오는 그를 칼리스토는 당연히 아무런 두려움 없이 맞았지만, 제우스가 정체를 드러내자마자 기겁하며 필사적으로 저항했다. 그러나 한낱 유한한 인간인 그녀가 강력한 신의 파렴치하고 비열한 습격을 피한다는 건 꿈도 꿀 수 없는 일이었다.

시간이 흘러 칼리스토의 배가 부풀어 오르기 시작했다. 얼마간은 사랑하는 아르테미스의 눈을 속일 수 있었지만, 아르테미스와 시녀들이 한적한 연못을 찾아 목욕할 때 평소와 달리 머뭇거리다 금세 비밀을 들키고 말았다. 분노한 여신은 칼리스토를 집과 동료들로부터 멀리 내쫓았다. 설상가상으로 제우스의 아이가 태어나자마자 헤라는 이 가여운 여인에게 복수의 칼날을 휘둘렀다. 남편 제우스가 제 버릇 못 버리고 또 한눈판 데 분노한 헤라는 칼리스토를 곰으로 만들어버렸다. 곰이 된 칼리스토는 아르카디아를 방랑하다, 장성하여 숲에서 사냥하고 있던 아들 아르카스와 마주쳤다. 아르카스는 창을 치켜들어 자기 어머니를 죽이려 했으나 그 순간 제우스가 끼어들어 두 모자를 하늘로 올려보내 곰 형상의 별자리로 만들었다. 아르카스는 작은곰자리가 되어 지금도 칼리스토와 나란히 밤하늘을 거닐고 있다.

잘 알려지지 않았지만, 밤하늘의 곰들에 얽힌 다른 신화도 있다. 이 이야기에도 제우스가 등장하는데, 유년기의 제우스다. 제우스는 크레타 섬의 이다 산에 있는 동굴에서 님페들의 손에 자랐다. 그의 어머니인 티탄족 레아가 아들의 목숨을 보전하기 위해 그곳으로 보낸 것이다. 그럴 만도 했던 것이, 레아의 남편 크로노스가 자식이 태어나는 족족 잡아먹었기 때문이다. 제우스는 그를 안전히 지켜준 보모들에게 보답하는 의미로 그들을 큰곰자리와 작은곰자리로 만들어 밤하늘에 자리하게 해주었다.

큰곰자리는 꼬리 부분이 북반구 3사분면으로까지 살짝 뻗어 있으며, 밤하늘에서 가장 쉽게 알아볼 수 있는 패턴 가운데 하나인 일곱 별의 성군asterism(뚜렷이 구별되지만 별자리로 공인되지 않은 패턴) 북두칠성을 포함한 것으로 유명하다.

큰곰자리는 2월에서 5월 사이, 북위 90도–남위 16도에서 가장 잘 관측된다.
✷ 작은곰자리

북반구 3사분면

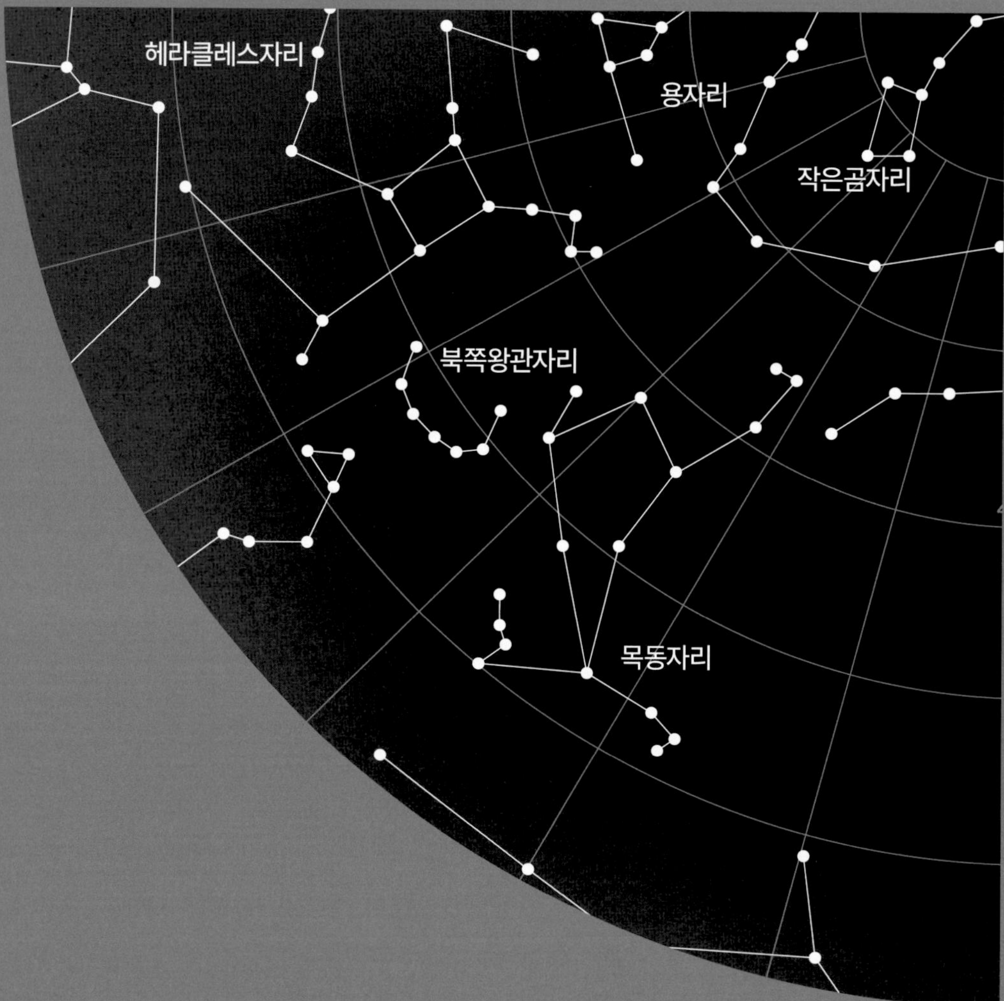

목동자리 * 북쪽왕관자리 * 용자리

작은곰자리 * 헤라클레스자리

목동자리
Boötes

✷

이카리오스는 신에게 받은 귀중한 선물 포도주를
곧바로 가죽 부대에 가득 채워 소달구지에 실었다.
이런 연유로 그는 목동이라 알려진다.
이카리오스가 아테네 시골을 지나가다가 마주친 양치기들에게 포도주를 보여주자,
그중 몇몇이 처음 보는 그 술을 탐욕스레 마시고는 인사불성이 되어
절반은 죽은 듯 큰대자로 뻗었다.

히기누스, 『시적 천문학』, 제2권 4장 3절

주요인물

데메테르 곡물과 수확의 여신

디오니소스 포도주와 초목을 관장하는, 인기 많은 신

마이라 이카리오스의 충견

아르카스 칼리스토와 제우스의 아들

에리고네 고결한 이카리오스의 효성 지극한 딸

이아시온 데메테르가 낳은 쌍둥이의 아버지

이카리오스 독실하고 너그러운 아테네 농부

제우스 그리스 신들의 왕, 아르카스의 아버지

칼리스토 제우스에게 사랑받은 죄로 곰이 되어버리는 젊은 여성

플루토스 데메테르의 아들, 땅속에 묻힌 부를 관장하는 신

필로멜로스 데메테르의 아들, 소달구지의 발명자

헤라 신들의 여왕, 제우스의 질투심 많은 아내

이 별자리의 라틴명 '보에테스'는 보통 '목동'으로 번역되지만, 고대 그리스어로는 '소를 치는 자' 혹은 '소몰이꾼'을 의미한다. 거대한 별자리인 목동자리에는 여러 신화가 얽혀 있는데, 개중에는 덜 알려진 것들도 있고 심지어 소와 관계없는 것들도 있다.

목동자리의 주인공으로 거론되는 인물 중 하나가 바로 아테네 사람 이카리오스다. 이방의 신*인 디오니소스를 두려워하는 대부분의 아테네인들과 달리 이카리오스와 그의 딸 에리고네는 이 신을 환대했다. 디오니소스는 포도주와 초목을 관장하는 신이었다. 나이도, 성별도, 신분도, 인간과 짐승의 구분도 따지지 않고 모두를 평등하게 대하는 민주적인 신이기도 했다. 하지만 성별을 분간하기 힘든 외모나, 신도들을 일상의 근심과 제약으로부터 해방시켜 주는 능력 때문에 디오니소스를 아니꼽게 보는 자들도 있었다. 디오니소스는 충실한 신봉자인 이카리오스에게 포도주를 양조하는 귀한 기술을 전수했고, 고마움을 알고 너그러운 이카리오스는 새로 얻은 지식과 선물을 이웃들에게도 나누어 주려 포도주 부대를 소달구지에 실었다.

이카리오스가 처음 만난 양치기 일행은 난생처음 접한 포도주를 과음하여 금세 취하고 심하게 아프기까지 했다. 통증이 어찌나 심한지 이카리오스가 술에 독을 탔다고 오해할 지경이었다. 고주망태가 된 그들은 가여운 이카리오스를 몽둥이로 때려죽인 뒤 달아났다. 이카리오스가 늦도록 집에 돌아오지 않자 걱정이 된 에리고네는 아버지를 찾아 나섰고, 비운의 현장에 있었던 충견 마이라가 그녀를 아버지의 시신이 있는 곳으로 데려갔다. 에리고네는 아버지의 죽음에 절망한 나머지 나무에 목을 매어 스스로 목숨을 끊었고, 비탄에 잠긴 마이라는 우물에 뛰어들어 죽었다. 이 셋의 가혹한 운명을 가엾이 여긴 제우스는 밤하늘에 그들의 모습을 남겼고 그리하여 이카리오스는 목동자리, 에리고네는 처녀자리가 되었다. 충견 마이라의 경우에는, 지구에서 보이는 천체 중 가장 밝은 별로 고대 문화에서 상당히 큰 의미를 지녔던 시리우스Sirius가 마이라의 형상이라고 주장하는 사람들도 있었다. 반면 큰개자리와 작은개자리 중 하나가 마이라라는 설도 있다.

* 디오니소스는 본래 그리스 신이 아니라, 리디아 혹은 프리기아 같은 근동 지역의 신이었다가 그리스로 넘어갔을 가능성이 크다.

어떤 전승에서는 목동자리가 곡물과 수확의 여신 데메테르의 아들과 동일시된다. 데메테르는 신이지만 이아시온이라는 인간과 사랑에 빠져 쌍둥이 아들을 낳았다. 쌍둥이 중 플루토스는 땅속의 부를 관장하는 신이 되었고, 필로멜로스는 소박한 농부가 되었다. 필로멜로스는 가난하고 겸손했지만, 후대 농부들의 필수 농기구인 겨리[소 두 마리가 끄는 쟁기]를 발명하여 어머니에게 큰 기쁨을 선사했다. 아들이 기특했던 데메테르는 쟁기를 끄는 필로멜로스의 형상을 하늘에 남겼다고 한다.

가끔 목동자리와 연관되는 또 다른 인물로, 칼리스토의 아들 아르카스가 있다. 목동자리가 아르카스라고 믿는 사람들은 그 별자리를 '곰의 수호자'라는 뜻의 '아르크토필락스Arctophylax'라고도 불렀다. 여기서 말하는 곰은 제우스에게 겁탈당해 아르카스를 임신한 여인 칼리스토를 가리킨다. 칼리스토는 자의로 제우스와 동침한 것이 아니었지만, 제우스의 바람기에 진력이 난 헤라는 막 아이를 낳은 칼리스토를 벌하여 곰으로 만들어 버렸다. 칼리스토의 아들 아르카스는 훗날 장성하여 숲속에서 갑자기 마주친 곰의 정체를 모르고 자기 어머니를 죽일 뻔했다. 제우스는 칼리스토를 큰곰자리로, 아르카스를 목동자리로 만들어 비극을 막았다. 이 버전의 칼리스토 이야기는, 어머니와 아들 모두 하늘의 곰이 되고 아르카스는 아르크토필락스가 아니라 작은곰자리가 되는 버전과 상반된다.

이 별자리에 얽힌 신화가 여럿인 만큼 그 형상에 관한 설명도 다양하다. 일반적으로는 오른손에 지팡이를 들고 있는 목동으로 묘사된다. 왼손에 쥐고 있는 것은 작은 낫이라고도 하고, 사냥개 두 마리를 묶은 끈이라고도 한다. 이 개들은 고전 시대 후에 만들어진 별자리인 사냥개자리와 관련 있다.

목동자리는 5월에서 6월 사이, 북위 90도-남위 35도에서 가장 잘 관측된다.

✷ 사냥개자리, 작은개자리, 작은곰자리, 처녀자리, 큰개자리, 큰곰자리

북쪽왕관자리

Corona Borealis

테세우스는 해변에서 깊이 잠든 아리아드네 공주를 무정하게 버려두고
배를 띄워 떠나며 부질없는 약속을 바람에 흩뿌렸다.
공주는 그를 위해 모든 것을 걸고 나라를 배신했건만.
그러나 디오니소스가 잠든 채 버려진 아리아드네를 발견하고는
탄복하며 사랑에 빠졌다.

논노스, 『디오니소스 이야기』 제47권 269-273행

주요인물

디오니소스 포도주·초목·연극을 관장하는 신
미노스 크레타 섬을 다스린 전설상의 왕
미노타우로스 인간과 황소 사이에 태어난 혼종 괴물
아리아드네 디오니소스와 결혼한 크레타 섬의 공주
아프로디테 사랑과 아름다움을 관장하는 그리스 여신
테세우스 아테네의 왕자, 미노타우로스를 처치한 영웅
파시파에 크레타 섬의 왕비, 미노타우로스의 어머니
포세이돈 바다의 신

북쪽왕관자리는 북쪽 하늘에 떠 있는 왕관 모양의 별자리다. 프톨레마이오스가 저술한 『알마게스트』의 그리스어 원전에는 화관이나 왕관이라는 뜻의 '스테파노스Stephanos'로 표기되어 있다. 고대에는 올리브 가지나 월계수 같은 식물로 만든 화관을 왕관으로 썼고, 가끔은 금으로 왕관을 만들기도 했다. 남쪽 하늘의 왕관자리와 구분하기 위해 후에 형용사 '보레알리스borealis(북쪽의)'가 붙었다.

북쪽왕관자리는 대개 아리아드네 공주의 왕관으로 여겨졌다. 아리아드네는 크레타 섬을 다스린 미노스 왕과 파시파에 왕비의 딸이었다. 파시파에는 포세이돈이 크레타 섬으로 보낸 황소에게 비정상적인 욕정을 품었던 인물로 유명하다. 그 황소가 여기저기 해를 끼치고 여러 사람에게 비통함을 안겨준 이유는 포세이돈의 도움으로 왕위를 쟁취한 미노스 왕이 감사 인사를 제대로 올리지 않았기 때문이었다. 파시파에는 결국 황소와 정을 통한 후, 인육을 먹는 반인반우 미노타우로스를 낳았다.

두려움과 수치심에 휩싸인 미노스 왕은 아내의 외도로 태어난 괴물 미노타우로스를 미궁에 가두었다. 미노타우로스의 먹이로는, 아테네가 전쟁에서 패한 후 9년마다 조공으로 바쳐온 일곱 청년과 일곱 처녀가 조달되었다. 아테네의 왕자 테세우스는 성년이 되자 제비뽑기로 정해진 열세 명의 젊은이들과 함께 크레타 섬으로 가겠다고 자발적으로 나섰다. 아테네가 미노스의 포악한 압제로부터 완전히 해방되는 길을 모색하기 위해서였다.

아테네인들이 크레타 섬에 도착했을 때 아리아드네는 테세우스에게 첫눈에 반해버렸다. 이제 고약한 선택의 기로에 섰다. 가족과 나라에 충성하느냐, 아니면 테세우스와 아테네인들을 돕느냐. 결국에는 마음이 이겼다. 미노타우로스를 죽이는 거야 테세우스가 감당할 수 있는 일이었지만, 미궁에서 빠져나오는 건 불가능에 가까웠다. 그래서 아리아드네는 테세우스에게 도움의 손길을 내밀었다. 그에게 실뭉치를 하나 쥐여 주면서, 미궁의 중심부로 들어가는 동안 실을 풀고 나중에 그 실을 따라 밖으로 나오라고 했다. 고마운 마음에 테세우스는 그녀를 아내로 맞아 아테네로 데려가겠노라 약속했다. 가족을 배신한 그녀가 크레타 섬에 계속 머물 수는 없었기 때문이다. 테세우스는 미노타우로스를 거뜬히 처치한 후 아리아드네와 함께 달아났다.

그러고 나서 테세우스는 용서받지 못할 짓을 저지른다. 아테네로 돌아가는 길에 낙소스 섬에 다다르자 테세우스는 선원들에게 닻을 내리라며 그곳에서 하룻밤을 보낼 거라고 했다. 적어도 아리아드네는 그렇게 믿었다. 그런데 아리아드네가 잠들자 테세우스와 선원들은 그녀만 홀로 섬에 남겨둔 채 배를 타고 떠나버렸다. 다행히도 마침 디오니소스가 잠든 그녀를 발견하고는 데려가서 아내로 삼았다. 이때 아리아드네가 아프로디테에게 받은 결혼 선물, 즉 인도산 보석들과 황금으로 만들어진 왕관이 후에 북쪽왕관자리가 되었다. 아리아드네가 죽자 신들이 그녀를 기리는 의미로 이 왕관을 하늘로 올린 것이다. 한편 미노타우로스는 황소자리로 밤하늘에 등장한다.

북쪽왕관자리는 6월에 북위 90도-남위 50도에서 가장 잘 관측된다.
✷ 남쪽왕관자리, 황소자리

용자리
Draco

헤스페리데스의 용은 헤라클레스의 화살에 맞아 사과나무 옆으로 쓰러졌다.
꼬리 끝은 여전히 씰룩였지만,
머리부터 시커먼 등뼈를 따라 발끝까지 생명의 징후가 전혀 보이지 않았다.
히드라의 치명적인 담즙이 묻은 독화살에 중독된 피가 짓무른 상처에 고이니,
떼 지어 몰려든 파리들이 죽었다.

로도스의 아폴로니오스, 『아르고호의 모험*Argonautica*』 제4권 1400-1405행

주요인물

가이아 대지를 관장하는 그리스 여신

네메아의 사자 헤라클레스에게 퇴치되는 사자 괴물

라돈 헤스페리데스의 정원을 지키는 용

아틀라스 어깨로 하늘을 떠받치는 티탄족

에키드나 라돈의 괴물 어머니

제우스 그리스 신들의 왕

케르베로스 지하세계 입구를 지키는 삼두견

티폰 라돈의 괴물 어머니

헤라 그리스 신들의 여왕, 제우스의 아내

헤라클레스 그리스 최고의 영웅

헤스페리데스 세상의 서쪽 끝에 사는 님페들

용자리의 주인공은 헤스페리데스의 정원을 지키는 임무를 맡은 라돈이다. 그 정원은 그리스 신들의 여왕인 헤라가 제우스와 결혼하는 날 대지의 여신 가이아가 선물한 사과나무 숲이었다. 몇몇 작가들이 현대 모로코의 아틀라스 산맥 지역이라고 말하는 (그리스인들이 아는 세상의) 서쪽 끝에 사는 님페들인 헤스페리데스가 정원의 나무들을 돌보았다. 이 귀중한 나무들에는 먹으면 영생을 누릴 수 있다는 황금 사과가 열렸다.

평범치 않은 용 라돈은 악명 높은 괴물 가족의 일원이었다. 라돈의 부모는 고대의 반인반사 괴물인 티폰과 에키드나였으며, 형제자매로는 네메아의 사자(사자자리), 삼두견 케르베로스, 머리 여럿 달린 뱀 히드라(바다뱀자리), 뱀·사자·염소의 혼종 괴물 키마이라 등이 있었다. 아비인 티폰과 마찬가지로 라돈도 머리가 백 개나 되고 어떤 목소리든 낼 수 있었다고 한다. 머리가 많으니 항상 눈 몇 개는 주변을 살필 수 있었으므로 사과나무 숲의 감시자로 제격이었다.

네메아의 사자, 히드라, 케르베로스가 그랬듯 라돈도 유명한 열두 가지 과업을 수행 중이던 헤라클레스와 마주쳤다. 헤라클레스는 사자와 히드라를 퇴치하고, 케르베로스를 생포해야 했다. 라돈을 상대할 때는, 절대 경계를 풀지 않는 그 시선을 피하는 것이 관건이었다. 헤라클레스에게 열한 번째로 떨어진 과업은 헤스페리데스의 사과 몇 알을 훔치는 것이었다. 이 이야기의 한 버전에 따르면, 헤라클레스는 독화살로 라돈을 죽인 뒤 무방비 상태의 사과를 따서 임무를 완수한다. 또 다른 버전에서는 라돈을 죽이는 대신 다른 전략을 시도한다. 근처에 사는 티탄족 아틀라스에게 접근하여 도움을 청한 것이다. 아틀라스는 라돈과 친한 이웃이니 큰 어려움 없이 사과를 딸 수 있을 터였다. 그래서 헤라클레스는 잠깐 하늘을 대신 짊어지고 있을 테니 사과를 따와 달라고 제안한다. 헤라클레스의 꾀에 당했건 그의 손에 죽었건, 제 임무를 다한 라돈은 헤라에게 상을 받아 하늘로 올라갔고, 네메아의 사자와 히드라처럼 그곳에서 별이 되었다. 밤하늘에서는 불안하게도 라돈의 머리 위를 헤라클레스가 걸어가고 있다.

용자리는 대부분 북반구 3사분면에 자리하는데, 용의 목은 북반구 4사분면으로 굽어 있고 꼬리는 북반구 2사분면까지 뻗어 있다.

용자리는 3월에서 9월 사이, 북위 90도-남위 4도에서 가장 잘 관측된다.
✲ 바다뱀자리, 사자자리, 헤라클레스자리

작은곰자리
Ursa Minor

이제 암곰의 모습을 한 칼리스토는 다가오는 자기 자식을 알아보고 그 자리에 얼어붙었다.
그러나 꿰뚫어 보는 듯한 그 집요한 시선에 겁을 집어먹은 아르카스는
뒤로 움찔 물러나며 제 어머니의 가슴을 뚫으려 창을 들어 올렸다.
천만다행으로, 전능한 신 제우스가 제때에 아르카스의 손을 붙들어
대악무도한 죄를 막았다.
그러고는 회오리바람을 일으켜 두 모자를 하늘로 날려보내
이웃한 두 별자리로 만들었다.

오비디우스, 『변신 이야기』 제2권 500-507행

주요인물

데메테르 곡물과 수확의 여신

레아 티탄족, 제우스의 어머니

리카온 아르카디아의 잔인한 왕, 칼리스토의 아버지

아르카스 칼리스토와 제우스의 아들

아르테미스 사냥과 야생 동물의 여신

제우스 신들의 왕

칼리스토 제우스에게 겁탈당하고 곰으로 변하는 아르카디아 공주

크로노스 티탄족, 제우스의 아버지

포세이돈 바다의 신

하데스 지하세계의 신

헤라 신들의 여왕, 제우스의 아내

헤르메스 전령의 신

헤스티아 화로의 여신

작은곰자리에는 아주 다른 두 이야기가 연관되어 있다. 그중 하나는 칼리스토와 그녀의 아들 아르카스에 얽힌 유명한 신화다. 칼리스토는 미모가 빼어난 아가씨로, 야생과 야생 동물의 신 아르테미스를 충실히 섬기며 아르테미스처럼 독신의 삶을 결심했다. 그러나 불운하게도 칼리스토에게 눈독을 들인 제우스가 아르테미스를 빼닮은 모습으로 변신하는 속임수를 써서 칼리스토를 겁탈했고, 이 끔찍한 만남으로 아이를 갖게 되었다. 시간이 흘러 칼리스토는 아르카스라는 아들을 낳았다.

제우스의 외도에 절망하여 분노와 질투심에 휩싸인 헤라는 칼리스토를 곰으로 만들어버렸고, 헤르메스는 아기 아르카스를 아르카디아의 왕 리카온에게 맡겼다. 둘째가라면 서러울 정도로 잔인한 성정의 리카온은 기어이 야만적인 본색을 드러내고 말았다. 어린 아르카스를 죽이고 토막내어 끓인 탕을 제우스에게 대접한 것이다. 그날 제우스는 죄악에 물든 자들을 직접 지켜볼 심산으로 남루한 행색의 나그네로 변장하여 인간 세상을 돌아다니던 참이었다. 탕을 맛보지 않고도 자기 앞에 놓인 음식의 정체를 간파한 제우스는 자신의 아들 아르카스의 토막 난 몸을 이어 붙여 되살리고 리카온은 이리로 만들어버렸는데, 이 형벌은 이리자리라는 별자리로 하늘에 기록되었다.

훗날 숲에서 사냥을 하다가 칼리스토와 마주친 아르카스는 그 곰이 자기 어머니일 거라고는 꿈에도 생각지 못한 채 그녀를 죽일 뻔했다. 아르카스의 눈에 칼리스토는 그저 곰일 뿐이었다. 다행히 제우스가 늦지 않게 개입하여 두 모자를 하늘로 올려보내 곰의 형상을 띤 별자리로 만들었으니, 칼리스토는 큰 곰, 아르카스는 꼬리가 긴 작은 곰이 되었다.

작은곰자리를 제우스의 탄생 및 어린 시절과 연결 짓는 이야기도 있다. 제우스의 아버지 크로노스는 신들의 제왕 자리를 자식들 중 한 명에게 빼앗길 것이라는 예언을 들었다. 무슨 수를 써서라도 이 운명을 피하고 싶었던 크로노스는 아내인 레아가 아이를 낳는 족족 집어삼켜버렸다. 크로노스에게 다섯 아이(데메테르, 헤스티아, 헤라, 하데스, 포세이돈)를 빼앗긴 후 레아는 남편의 폭주를 막을 대책을 세웠다. 여섯째인 제우스가 태어나자마자 그녀는 얼른 커다란 돌을 포대기에 싸서 크로노스에게 건넸고, 크로노스는 아무런 의심 없이 그것을 집어삼켰다. 남편이 눈치챌세라 레아는 아기 제우스를 크레타 섬의 이다 산으로 보냈고, 그곳에서 제우스는 님페들에게 사랑받으며 자랐다. 훗날 제우스는 은혜를 갚으려 크레타 섬의 두 유모를 밤하늘로 올려 보내면서, 어쩐 일인지 곰의 형상(큰곰자리와 작은곰자리)으로 만들었다. 또 제우스는 크로노스가 그 전에 집어삼켰던 불운한 자식들도 다시 토해내게 했다.

작은곰자리는 북극성을 알파(별자리에서 가장 밝은 별)로 둔 별자리로 유명하며, 옛날부터 항해사들의 길잡이 별로 중요한 역할을 해왔다. 북극성은 곰의 긴 꼬리 끝에 자리하고 있다. 북극성을 비롯하여 작은곰자리의 중심인 일곱 별은 오늘날 소小북두칠성이라 부르는 성군을 이루고 있다.

작은곰자리는 5월에서 6월 사이, 북위 90도-0도에서 가장 잘 관측된다.
✷ 이리자리, 큰곰자리

헤라클레스자리

Hercules

✷

대지 혹은 바다 혹은 대기의 앙심에서 태어난 온갖 섬뜩한 것들은
제아무리 무섭고 기괴하고 유독하고 포악해도 그의 손에 꺾이고 길들었다.
그는 시련을 겪을수록 점점 더 강해져 항상 승리를 거둔다…
지금은 온 세계가 그를 신이라 부른다.

세네카, 『헤라클레스의 광기*Hercules Furens*』 30-41행

주요인물

쌍둥이자리[의 쌍둥이] 트로이의 헬레네의 쌍둥이 오빠

게리온 에리테이아를 다스리는 몸이 셋인 괴물

네메아의 사자 어떤 무기로도 가죽이 뚫리지 않는 사자

네소스 헤라클레스를 죽음으로 내모는 켄타우루스

데이아네이라 헤라클레스의 마지막 아내

디오메데스의 암말들 인육을 먹는 말들

라돈 헤스페리데스의 사과를 지키는 용

레르나의 히드라 머리가 여럿 달린 뱀

메가라 헤라클레스의 첫 아내

메두사 뱀 머리칼을 가진 고르곤

스팀팔로스 호수의 새들 깃털을 화살처럼 쏘는 새들

아르테미스 야생 동물의 수호신

아우게이아스 어마어마한 수의 소를 기르는 엘리스의 왕

아폴론 예언의 신

알크메네 미케네와 티린스의 공주, 헤라클레스의 어머니

암피트리온 알크메네의 남편, 헤라클레스의 양부

에리만토스의 멧돼지 에리만토스 산을 떠도는 멧돼지

에우리스테우스 티린스와 미케네의 사악하고 비겁한 왕

이올라오스 헤라클레스의 쌍둥이 형제 이피클레스의 아들

이피클레스 헤라클레스의 쌍둥이 형제

제우스 그리스 신들의 왕, 헤라클레스의 아버지

카스토르 쌍둥이자리가 되는 쌍둥이 형제 중 한 명, 헤라클레스의 스승

케르베로스 지하세계 입구를 지키는 삼두견

케리네이아의 암사슴 황금 뿔이 달린 성스러운 사슴

케이론 온화한 켄타우루스, 헤라클레스의 스승

크레타 섬의 황소 무시무시한 괴물 미노타우로스의 아비

크리사오르 페가수스의 형제, 메두사의 괴물 자식

페가수스 유명한 천마

페르세포네 지하세계의 왕비

필록테테스 헤라클레스의 죽음을 돕는 인정 많은 남자

하데스 지하세계의 왕

헤라 신들의 여왕, 제우스의 아내

헤라클레스 제우스의 아들, 그리스 최고의 영웅

헤스페로스 저녁샛별을 의인화한 신, 헤스페리데스의 아버지(혹은 할아버지)

헤스페리데스 헤라의 신성한 사과나무를 돌보는 님페들

그리스 신화에서 가장 유명한 영웅 헤라클레스가 별들 사이에 한 자리를 차지하는 건 누가 봐도 당연한 일이다. 고대 세계에서 헤라클레스는 인류의 구원자이자 용맹의 화신으로 만인의 존경과 숭배를 받았지만, 정작 그의 생애는 시작부터 시련과 비극으로 얼룩져 있었다. 이 고난의 근원은 신들의 여왕인 헤라였다. 헤라는 헤라클레스를 끊임없이 시험하며 제거하려 했지만, 외려 그는 초인적인 인내로 신의 반열에 올랐다. 아이러니하게도 그의 이름은 그리스어로 헤라의 영광이라는 뜻이다. 이제 이 위대한 영웅의 이야기로 들어가 보자.

헤라클레스의 어머니 알크메네는 미케네와 티린스의 공주로, 사촌 암피트리온과 결혼했다. 우연히도 알크메네와 암피트리온은 메두사를 퇴치하여 유명해진 영웅 페르세우스의 손주들이었다. 암피트리온은 알크메네의 남편이지만 헤라클레스의 생부는 아니었다. 헤라클레스의 아버지는 다름 아닌 신들의 왕 제우스였다. 어느 날 밤, 제우스는 암피트리온으로 변신하여 알크메네를 찾아갔다. 그래서 바로 다음날 암피트리온이 머나먼 전장에서 돌아와 아내의 열렬한 환영을 바랐을 때 알크메네는 놀라고 혼란스러울 수밖에 없었다. 여차한 사정으로 제우스와 암피트리온 모두와 동침한 알크메네는 쌍둥이를 임신했으니, 한 아이는 신의 자식이요 다른 아이는 인간의 자식이었다.

알크메네의 산달이 가까워지자 제우스는 신들을 모아 놓고 바로 그날 자신의 혈통인 아이가 태어날 것이며 이 아이가 장차 그리스의 가장 위대한 왕국들을 통치하리라 공표했다. 바람을 피워놓고 떵떵 큰소리쳐 대는 남편의 작태에 격노한 헤라는 복수를 계획했다. 출산의 여신을 보내어 알크메네의 분만을 늦추고, 제우스의 혈통 대신 다른 아이가 더 빨리 태어나도록 손을 썼다. 에우리스테우스라는 이 아이는 훗날 남부 그리스의 가장 막강한 두 왕국인 미케네와 티린스를 다스리게 된다. 그래도 헤라는 분이 다 풀리지 않았다. 헤라클레스의 출생을 늦춘 계략은 복수의 서막에 지나지 않았다.

얼마 지나지 않아 헤라는 아기 침대에 잠들어 있는 헤라클레스와 그의 쌍둥이 형제 이피클레스를 죽이려 뱀 한 마리를 보냈다. 뱀을 보고 이피클레스는 깜짝 놀라며 기겁했지만, 헤라클레스는 갓난아기임에도 괴력과 용맹함을 발휘하여 침대에서 벌떡 일어나 뱀을 목 졸라 죽였다. 그때까지도 알크메네는 어느 아이가 제우스의 아들인지 모르고 있었지만, 이 사건으로 명백해졌다. 어떤 전승에 의하면, 제우스는 헤라를 벌할 심산으로 그녀가 잠든 사이 몰래 헤라클레스를 그녀의 품에 안겨 젖을 빨게 했다고 한다. 헤라가 갑자기 깨어나는 바람에 흘러내린 젖은 은하수가 되었다.

헤라클레스는 자라면서 전형적인 그리스식 교육을 받아 궁술이나 격투, 검술 같은 기예를 익혔다. 양부 암피트리온은 헤라클레스에게 전차 모는 법을 가르쳤고, 유명한 음악가 오르페우스의 형제인 리노스는 리라 연주를, 쌍둥이자리의 두 주인공 중 한 명인 카스토르는 승마술과 펜싱을 가르쳤다. 헤라클레스의 스승 중에는 온화하고 교양 넘치는 켄타우루스 케이론도 있었다. 이 기술들은 훗날 헤라클레스가 숱하게 겪을 파란만장한 모험에서 큰 도움이 된다. 초기 모험 중 하나로 잇따라 치른 전쟁에서 테베의 공주 메가라를 신부로 얻고 자식까지 얻은 헤라클레스는 가족과 함께 테베에서 지냈다.

그러나 운명의 장난으로 헤라클레스 가족은 비참한 최후를 맞았다. 이번에도 불행의 씨앗을 뿌린 이는 헤라였다. 헤라클레스는 헤라가 불어넣은 광기에 돌연 휩싸여 미쳐 날뛰다가 아내와 아이들을 적이나 침입자로 오해하여 죽여버렸다. 제정신으로 돌아온 후 충격에 빠진 그는 아폴론의 조언을 들을 수 있는 델포이의 신탁소로 가서, 아무리 우발적이었다 해도 입에 담지 못할 이 죄를 어떻게 하면 씻을 수 있을지 물었다. 그러자 티린스로 가서 에우리스테우스를 섬기라는 응답이 내려왔다. 에우리스테우스는 헤라의 간계로 헤라클레스보다 먼저 태어나 티린스의 왕이 된 인물이었다. 성정이 잔학하고 비겁한 그는 헤라클레스에게 힘겨운 과제를 던지고 또 던지며 매번 그의 사망 소식이 들리길 기대했다. 헤라클레스의 과업이라 불리는 이 열두 가지 과제를 완수하면서 헤라클레스는 불후의 명성을 얻게 된다.

첫 과업은 펠로폰네소스 반도 북동부의 네메아 골짜기를 배회하며 부근의 주민들과 가축을 잡아먹는 사자를 퇴치하는 것이었다. 이 사자는 반인반사의 무시무시한 어미에게서 태어난 괴물로, 그 가죽은 무엇으로도 뚫을 수 없었다. 사실상 죽이는 것이 불가능해 보이는 짐승이었다. 헤라클레스는 여느 사냥꾼처럼 활과 화살로 무장했지만, 사자의 등에 명중한 화살들은 그대로 튕겨 나갔다. 완전히 다른 전략이 필요하다는 걸 깨달은 헤라클레스는 묘수를 하나 짜냈다. 굴 안에 숨어 있다가 밤에 사자가 돌아오자 입구를 막아 퇴로를 없애버렸다. 그러고는 오로지 힘과 격투 기술만으로 사자를 목 졸라 죽여서 사체를 티린스로 가져갔다. 에우리스테우스 왕에게 사자를 바칠 생각이었지만, 짐승을 등에 짊어지고 돌아온 헤라클레스를 본 왕은 겁에 질려 숨기 바빴다. 에우리스테우스는 거대한 돌항아리에 몸을 숨긴 채 사자는 필요 없다고 말하며, 앞으로는 궁 안으로 들어오지 말고 밖에서 과업 완수를 보고하라 명했다. 그러자 헤라클레스는 사자 가죽을 벗겨 그날부터 쭉 머리와 어깨에 두르고 다녔다. 사자는 헤라클레스와 마찬가지로 별자리(사자자리)가 된다.

두 번째 과업은 네메아의 사자와 형제지간인 섬뜩한 히드라를 퇴치하는 것이었다. 머리가 여럿 달린 거대한 뱀 히드라는 레르나 지역 외곽의 늪지에 살고 있었고, 그곳이 헤라클레스의 이번 목적지였다. 헤라클레스는 항상 곤봉을 무기로 지니고 다녔지만, 이번엔 히드라의 머리를 베어내기 위해 검을 선택했다. 그러나 실제로 맞붙어보고 나서야 알게 된 사실이 있었으니, 히드라의 목을 하나 베어낼 때마다 그 자리에서 두 개가 새로 돋아났다. 이것만으로도 힘든데, 그가 히드라의 머리를 정신없이 난도질하고 있을 때 거대한 게 한 마리가 늪에서 나오더니 그의 발목을 물었다. 게는 단번에 없애버렸지만, 히드라의 머리가 배로 늘어나고 있어 전략을 바꾸기로 했다. 이 모험에 함께 나선 조카 이올라오스에게서 횃불을 받아 히드라의 목을 베어낸 자리를 지져서 새 머리가 돋아나지 못하게 했다. 그런데 그 머리들 중 하나는 절대 죽지 않아서 골치가 아팠다. 곤봉으로 때려도 끄떡없는 그 머리는 결국 거대한 바위로 깔아뭉개버렸다. 헤라클레스는 히드라의 사체를 갈라서 독성 있는 담즙과 피, 맹독에 화살을 적셨다. 신들은 헤라클레스의 화살(화살자리)뿐만 아니라 히드라(바다뱀자리)와 게(게자리) 모두 하늘에 올려 별자리로 만들었다.

세 번째로 헤라클레스가 맡은 임무는 아주 특별한 사슴을 생포하는 것이었다. 케리네이아의 암사슴이라는 이 짐승은 황금 뿔로 유명했으며, 야생 동물의 수호신인 아르테미스에게 봉헌된 성수聖獸였다. 무기를 쓸 수는 없으니 일 년 내내 끈질기게 사슴을 쫓아다닐 수밖에 없었다. 마침내 절호의 기회가 찾아오자 헤라클레스는 잠든 사슴을 그물로 붙잡아 상처 하나 입지 않은 짐승을 어깨에 짊어지고 티린스로 향했다. 가는 길에 자신의 성수를 잡은 데 분노한 아르테미스와 마주쳤으나 아르테미스는 헤라클레스가 아닌 에우리스테우스의 책임이라 생각하여 헤라클레스를 그냥 보내 주었다.

헤라클레스의 네 번째 과업은 또 다른 짐승인 에리만토스의 멧돼지를 산 채로 포획하는 것이었다. 이 거대한 몸집의 털북숭이 멧돼지는 그리스 서부의 에리만토스 산 일대를 돌아다니며 그곳을 쑥대밭으로 만들고 있었다. 헤라클레스는 에리만토스 산과 그 부근에서 멧돼지를 추적했다. 그러다 겨울이 오자 멧돼지는 에리만토스 산의 비탈에 두껍게 쌓인 눈 속에 갇히고 말았다. 헤라클레스는 때를 놓치지 않고 멧돼지를 붙잡아 과업을 완수했다는 증거를 티린스로 가져갔다. 그러나 멧돼지를 포획하기 전에 일련의 기묘한 모험에 휘말렸다. 친절한 켄타우루스인 폴로스는 방랑 중이었던 헤라클레스를 따뜻하게 대접한 후 헤라클레스의 독화살을 건드리다 치명상을 입었다. 헤라클레스의 어린 시절 스승이었던 켄타우루스 케이론에게도 비슷한 운명이 닥쳤다. 두 켄타우루스 모두 켄타우루스자리의 주인공으로 여겨져 왔다. 헤라클레스는 아르고호를 타고 그리스에서 머나먼 흑해 연안으로 향하고 있던 영웅 이아손과도 우연히 만났다. 이아손은 그리스 최고의 용사들과 함께 아주 특별한 양(양자리)의 황금 털가죽을 되찾으러 가는 길이었다. 헤라클레스는 그 무리와 함께하고 싶어 한동안 원정에 참여했다. 그러다 길을 잃고 물의 님페들에게 납치당한 힐라스라는 젊은 벗을 찾느라 이아손 일행과 헤어졌다. 시간이 흘러 신들은 근사한 배 아르고호(아르고자리) 역시 별자리로 기념했다.

아우게이아스의 거대한 축사를 청소하는 것이 다섯 번째 과업이었는데, 고생스럽고도 모욕적인 임무였다. 아우게이아스는 제우스를 모시는 유명한 올림피아 성역 부근의 마을 엘리스를 다스리는 부유한 왕이었다. 부의 원천은 엄청난 규모의 소 떼였는데, 축사에 엄청난 양의 소똥이 쌓여 있어 평범한 인간이라면 감히 손댈 엄두조차 못 낼 정도였다. 지성과 힘을 겸비한 헤라클레스는 알페이오스 강과 페네오스 강의 둑을 깊게 파서 물길을 아우게이아스의 축사로 돌렸다. 그러자 강한 물살이 축사의 오물을 깨끗이 쓸어 갔다.

헤라클레스의 여섯 번째 과업은 펠로폰네소스 반도 중부의 스팀팔로스 호수에서 무시무시한 새 떼를 쫓아내는 것이었다. 몸집이 두루미만 하고 깃털을 화살처럼 쏘아대는 이 새들은 엄청나게 많은 수가 무리 지어 호수에 자리 잡고 있었다. 헤라클레스는 새들을 은신처에서 불러내기 위해 방울을 흔들었다. 새들이 날아오를 때 궁술을 발휘하여 몇 마리를 화살로 맞히자 나머지는 겁을 집어먹고 달아났다.

일곱 번째 과업의 현장은 크레타 섬으로, 전설상의 왕인 미노스가 그곳을 다스리고 있었다. 헤라클레스는 인육을 먹는 무시무시한 반인반우의 괴물 미노타우로스의 아비인 악명 높은 황소를 포획하라는 명을 받았다. 미노타우로스를 낳아 미노스 왕에게 치욕을 안겨준 이는 바로 왕의 아내이자 왕비였다. 헤라클레스는 미노스 왕의 도움으로 그 황소를 붙잡아 그리스 본토로 데려가서 에우리스테우스에게 보인 다음 자유롭게 풀어 주었다. 크레타 섬의 황소(황소자리) 역시 별자리가 되었다.

헤라클레스의 여덟 번째 과업은 그리스 북부의 트라키아에 가서 디오메데스의 포악한 암말들을 잡아오는 것이었다. 인육을 먹는 이 암말들의 주인 디오메데스는 비스토네스족을 다스리는 폭군이었다. 트라키아로 가는 길에 헤라클레스는 아내 알케스티스를 때아닌 죽음으로 잃은 페라이의 왕 아드메토스를 돕기로 하고, 죽음의 신 하데스와 맞붙어 싸운 끝에 알케스티스를 이승으로 다시 데려왔다. 트라키아에 도착해서는 암말들을 한곳으로 몰아넣고, 주인 디오메데스의 살을 먹여 길들였다. 나중에 말들을 풀어 줬지만, 트라키아로 돌아갈 때 올림포스 산을 넘어가던 말들은 결국 맹수들에게 잡아 먹혔다.

헤라클레스의 아홉 번째 과업은 앞선 것들과는 성격이 아주 달랐다. 괴물이나 괴수와 전혀 관련이 없었기 때문이다. 이번에 에우리스테우스가 내린 명은, 아마조네스의 여왕 히폴리테의 허리띠를 가져오라는 것이었다. 아마조네스는 머나먼 흑해 남해안에 사는 여성 전사 부족이었으므로 결코 단순한 과제가 아니었다. 히폴리테의 허리띠는 그녀가 아버지인 군신 아레스에게 받은 선물로 거기에는 강력한 힘이 깃들어 있었다. 아마조네스와의 격전에 대비하여 헤라클레스는 그리스 최고의 전사들을 데리고 떠났다. 그런데 뜻밖에도 히폴리테는 헤라클레스의 요청을 듣고는 허리띠를 선뜻 내주었다. 일이 수월하게 풀린 것이 아니꼬웠던 헤라는 히폴리테의 자매로 둔갑하여, 그리스인들이 여왕을 납치할 거라는 헛소문을 퍼뜨렸다. 아마조네스 부족은 격분하여 그리스 사내들을 공격했고, 이 전투에서 히폴리테가 살해당했다. 그녀를 죽인 자는 자신이 배신당했다고 오해한 헤라클레스였다.

열 번째 과업을 수행할 때 헤라클레스는 리비아를 우회하여 에리테이아 섬(지금의 스페인 지역)으로 향했다. 당시 에리테이아는 천마 페가수스의 형제인 크리사오르의 아들 게리온이 다스리고 있었다. 제 아비와 마찬가지로 괴물이었던 게리온은 머리와 몸통이 각각 셋이었으며, 괴력의 소유자였다. 게리온의 유명한 소 떼를 주인 몰래 그리스로 데려오라는 명을 받은 헤라클레스는 소 떼를 데리고 무사히 에리테이아를 빠져나가는가 싶었지만, 안전한 거리를 확보하기 전에 발각되고 말았다. 헤라클레스는 자신을 쫓아오는 게리온에게 화살로 치명상을 입혀 이번에도 승리를 거두었다.

열한 번째 과업을 위해 헤라클레스는 리비아로 다시 발길을 돌려, 대지의 끝 혹은 '밑바닥'이라는 곳으로 향했다. 저녁샛별 헤스페로스의 딸이자 님페들인 헤스페리데스가 돌보는 숲에서 황금 사과를 따오는 것이 이번 임무였다. 헤스페리데스가 보살핀 그 특별한 나무들은 위대한 대지의 여신 가이아가 헤라에게 준 결혼 선물로, 거기에 열리는 황금 열매를 먹으면 영생을 얻을 수 있었다. 숲에는 백 개의 머리가 달려 있어 잠들지 않는 용 라돈이 머물며 파수꾼 노릇을 했다. 몇몇 전승에서는, 헤라클레스가 라돈을 처치하고(헤라는 라돈을 용자리로 만들어 준다) 무방비 상태의 사과를 마음껏 땄다고 한다. 반면, 헤라클레스가 용과 헤스페리데스를 죽이지 않고 그저 속여 넘겼다는 설도 있다. 마침 근처에 티탄족 아틀라스가 어깨로 하늘을 떠받치고 있었다. 헤라클레스는 헤스페리데스의 이웃인 아틀라스라면 좀 더 쉽게 사과를 얻을 거라 믿었다. 그래서 잠깐 하늘을 대신 짊어지고 있을 테니 사과를 따달라고 제안했고, 몹시 지쳐 있던 아틀라스는 쾌히 승낙했다. 아틀라스는 부탁받은 사과를 가져 왔으나, 막상 무거운 짐을 벗고 나니 너무도 후련했기에 하늘을 되돌려 받지 않으려 했다. 하지만 결국에는 헤라클레스의 꾀에 넘어가 다시 하늘을 짊어지게 되었다. 헤라클레스가 목에 받침을 대야겠다며 아틀라스에게 잠깐만 하늘을 들고 있어 달라고 한 것이다.

헤라클레스의 열두 번째이자 마지막 과업은 단연코 가장 위험했다. 망자의 세계로 가서, 죽음의 신 하데스와 그의 왕비 페르세포네가 다스리는 왕국의 출입구를 지키는 맹견 케르베로스를 데려오는 것이었다. 살아 있는 몸으로 지하세계에 들어가기는 비교적 수월하다지만, 웬만큼 담이 크지 않으면 감히 시도하기 힘든 일이었다. 반면 그곳에서 빠져나오는 건 거의 불가능에 가까웠다. 케르베로스는 머리가 셋이고 그중 하나만 잠들었기 때문이다. 그러나 제아무리 위협적이라 한들 개는 개였다. 케르베로스는 수면제를 탄 꿀과자를 헤라클레스의 손에서 덥석 받아먹었다. 헤라클레스는 잠든 케르베로스를 품에 안고 티린스로 데려가 에우리스테우스에게 보여준 후 지하세계로 고이 돌려보냈다.

오랜 세월에 걸쳐 모든 과업을 마친 후에도 헤라클레스의 삶은 파란만장하기만 했다. 예컨대, 코린토스 만의 북해안에 있는 칼리돈 왕국의 공주 데이아네이라와의 혼인도 순탄치 않았다. 강의 신 아켈로오스와의 격투에서 이겨 데이아네이라를 아내로 얻었지만, 패배나 다름없는 승리였다. 이 혼인이 결국엔 그를 파멸시켰기 때문이다. 헤라클레스는 신부와 함께 칼리돈에 머물 수 없었다. 술김에 살인을 저질러 추방형을 받은 탓이었다. 칼리돈을 떠난 헤라클레스와 데이아네이라는 곧 에베노스 강에 다다랐다. 해빙으로 불어난 강은 물살이 사나워져 건너기가 녹록지 않았다. 헤라클레스는 문제없었지만, 데이아네이라가 걱정이었다. 그래서 그녀를 강 건너편으로 데려가 주겠다는 켄타우루스 네소스의 제안을 선선히 받아들였다. 이 결정이 그의 운명을 바꾸어 놓았다. 데이아네이라를 등에 업자마자 음탕한 네소스는 그녀를 납치해 달아나려 했다. 헤라클레스는 켄타우루스에게 화살을 쏘아 신부를 구했지만, 네소스는 죽기 전에 데이아네이라에게 섬뜩한 선물을 하나 건넸다. 자신의 피를 주면서 사랑의 묘약이라며, 헤라클레스가 다른 여자에게 한눈을 팔면 써먹으라고 일렀다. 어떤 전승에서는, 죽어서 켄타우루스 자리가 되는 건 케이론이 아니라 네소스라고도 한다.

시간이 흐르자 과연 헤라클레스에게 다른 여자가 생겼다. 헤라클레스가 자신에게 패한 왕의 딸을 첩으로 삼아 데려오자, 데이아네이라는 네소스에게 받았던 가짜 묘약을 꺼내 헤라클레스의 옷을 묘약에 담갔다. 그러나 네소스의 피는 사랑의 묘약이 아니었다. 헤라클레스의 화살에 묻은 히드라의 독혈이었으나, 데이아네이라는 이 사실을 꿈에도 몰랐다. 옷이 피부에 닿자마자 헤라클레스의 몸은 타들어 가고 살점이 떨어져 나가기 시작했다. 견딜 수 없으리만치 극심한 이 고통에는 해독제도 없었다. 헤라클레스는 가장 가까운 벗들에게 자신의 목숨을 끊어 달라 부탁했으나, 그런 끔찍한 자비를 베풀려는 자는 아무도 없었다. 마침내 필록테테스라는 남자가 나서서 헤라클레스가 스스로 목숨을 끊기 위해 올라간 장작더미에 불을 붙였다. 필록테테스는 이 인정 어린 행동에 대한 답례로 헤라클레스의 활과 화살을 받았다. 한편 헤라클레스는 제우스의 뜻에 따라 신의 반열에 올라, 마침내 그를 용서한 헤라와 함께 어울렸다. 또한 헤라의 딸 헤베를 새 아내로 맞고, 신의 자격으로 하늘의 별이 되었다. 그의 이름을 딴 별자리는 용맹스럽기 그지없는 모습이다. 오른손으로 곤봉을 치켜들고 왼손에는 헤스페리데스의 나무에서 떼어낸 가지를 쥔 채 한 발로 라돈(용자리)을 짓밟고 앞으로 돌진하며 공격 태세를 취하고 있다.

헤라클레스의 형상은 대부분 북반구 3사분면에 자리하고 있지만, 그의 왼손은 헤스페리데스의 귀중한 나뭇가지와 함께 북반구 4사분면으로까지 뻗어 있다.

헤라클레스자리는 6월에서 8월 사이, 북위 90도-남위 38도에서 가장 잘 관측된다.

✷ 거문고자리, 게자리, 바다뱀자리, 사자자리, 쌍둥이자리, 아르고자리, 양자리, 용자리, 켄타우루스자리, 페르세우스자리, 화살자리, 황소자리

북반구 4사분면

거문고자리 * 독수리자리 * 돌고래자리 * 백조자리

조랑말자리 * 케페우스자리 * 페가수스자리 * 화살자리

거문고자리

Lyra

광분한 바칸테스는 시인 오르페우스에게 달려들어 죽인 다음 시신을 토막 냈다.
무사이는 오르페우스의 흩어진 팔다리를 모아 묻어주고,
그의 리라를 밤하늘의 별들로 그려 영원히 기념하는 크나큰 은혜를 베풀었다.
이는 아폴론과 제우스의 뜻이었다.

히기누스, 『시적 천문학』 제2권 7장 1절

주요인물

디오니소스 포도주를 관장하며 만물을 평등하게 대하는 그리스 신
무사이 예술을 수호하는 여신들
바칸테스 디오니소스를 숭배하는 여성 신도들
아리스타이오스 농경을 관장하는 하급 신
아폴론 음악을 관장하는 그리스 신, 오르페우스의 아버지
에우리디케 오르페우스의 아내
오르페우스 그리스 최고의 시인이자 음악가
이아손 아르고호 원정대를 이끈 영웅
제우스 신들의 왕
카론 지하세계의 뱃사공
케르베로스 지하세계 입구를 지키는 삼두견
페르세포네 지하세계의 왕비
하데스 지하세계의 신
헤라클레스 열두 가지 과업으로 유명한 그리스 최고의 영웅
헤르메스 전령의 신

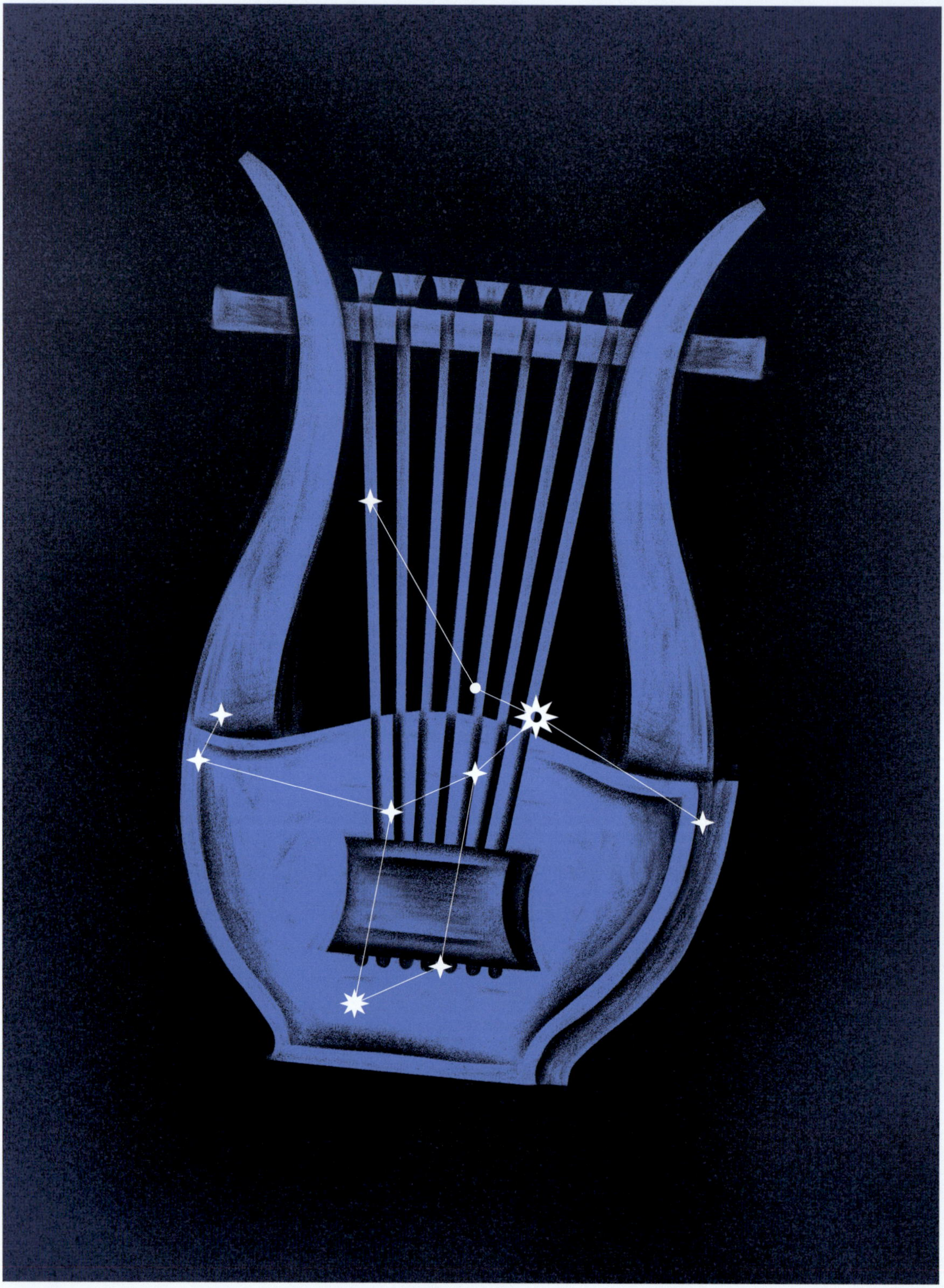

작지만 밝은 거문고자리는 신묘한 실력으로 명성이 자자했던 가수이자 시인, 음악가인 오르페우스의 비극적인 이야기와 연결되는 경우가 많다. 오르페우스가 주로 연주한 악기는 작은 하프 모양에 공명통이 있는 리라였다. 리라는 전령의 신 헤르메스가 태어난 바로 그날 발명했다고 전해진다. 조숙하고 총명했던 헤르메스는 거북이 한 마리를 붙잡아 등딱지를 떼어낸 다음 등딱지 속의 빈 공간을 소가죽으로 덮었다. 등딱지를 악기의 공명통으로 삼고, 거기에 줄을 단 산양의 뿔을 매었다.

헤르메스는 리라를 그의 형제이자 음악·의학·예언의 신인 아폴론에게 선물했다. 아폴론은 일설에 그의 아들이라고 하는 오르페우스에게 리라를 주었고, 예술의 수호신인 무사이가 오르페우스에게 연주법을 가르쳤다. 오르페우스의 리라 연주 실력은 어찌나 빼어난지 짐승이며 나무며 돌까지 홀려 그를 졸졸 따라다닐 정도였다.

오르페우스는 사는 동안 여러 곳을 여행 다니며 숱한 모험을 겪었는데, 전설의 아르고호 원정도 그중 하나였다. 아르고호는 세계 최초의 항해선으로, 용맹한 사내들과 함께 에게 해를 건너 저 멀리 흑해 연안까지 항해한 영웅 이아손을 위해 제작되었다. 그 머나먼 외지로까지 찾아 나선 것은 콜키스에 고이 모셔져 있던 유명한 황금 양피였다. 이아손 일행은 아르고호 원정대라 불렸고, 오르페우스도 그 명단에 이름을 올렸다.

이 모험이 끝난 후 오르페우스는 님페 에우리디케와 사랑에 빠져 결혼했다. 오르페우스에게는 이 위대한 사랑이 시련의 시작이었다. 어느 날, 에우리디케는 농경과 양봉을 주관하는 하급 신 아리스타이오스의 눈에 띄고 말았다. 아리스타이오스는 그녀를 겁탈하려 뒤쫓았고, 정신없이 달아나던 에우리디케는 불행히도 독사에게 물려 죽었다. 비탄에 잠긴 오르페우스는 웬만한 용기로는 시도하기도 어려운 일을 감행했다. 산 자의 몸으로 지하세계에 들어간 것이다. 망자들을 실어 나르는 뱃사공 카론도, 머리 셋 달린 무시무시한 감시견 케르베로스도 그의 음악에 홀려버렸다. 지하세계의 주인인 하데스와 그의 아내 페르세포네마저 오르페우스의 연주에 넋을 잃었다. 감동한 그들은 오르페우스의 소원대로 에우리디케를 돌려주기로 했다. 다만 한 가지 조건을 내걸었으니, 그를 따라 산 자들의 세계로 오르는 에우리디케를 절대 돌아보지 말라는 것이었다. 그러나 이승으로 올라가면서 오르페우스는 걱정에 사로잡혔다. '정말 에우리디케가 뒤에 있을까?' '뒤처지진 않았을까?' 오르페우스가 궁금증을 참지 못하고 고개를 돌렸더니 어둠 속으로 가라앉는 에우리디케가 보였다.

실의에 빠진 오르페우스는 고향인 유럽 남동부의 트라키아를 정처 없이 떠돌았고, 그 과정에서 그의 사랑을 탐내는 여자들이 숱하게 생겼다. 여전히 에우리디케를 잊지 못한 오르페우스는 곁을 내어주지 않았다. 그러던 어느 날, 디오니소스를 숭배하는 신도들인 바칸테스와 마주쳤다. 포도주의 신으로 널리 알려진 디오니소스는 모든 인간을 차별 없이 대하는 평등주의자이기도 했고, 그의 숭배자들은 순간의 광기에 휩싸여 평소의 자신을 벗어던지곤 했다. 바칸테스는 오르페우스에게도 치근덕댔고, 그는 늘 그랬듯 퇴짜를 놓았다. 이 모욕이 분하기도 하거니와 디오니소스를 찬양하며 황홀경에 취해 있던 바칸테스는 오르페우스에게 달려들어 그의 사지를 찢어 놓았다. 그래도 노래를 멈추지 않은 그의 머리와 리라는 헤브로스 강에 던져져 레스보스 섬까지 실려갔다. 그곳에서 무사이는 오르페우스의 머리를 성스러운 동굴에, 리라를 아폴론의 신전에 두었다. 이에 그치지 않고 아폴론과 제우스의 바람대로 리라의 형상을 별자리로 만들어 위대한 음악가를 기렸다.

거문고자리와 관련하여 덜 알려진 또 다른 신화는 오르페우스의 형제인 리노스와 헤라클레스가 주인공이다. 역시 뛰어난 음악가였던 리노스는 어린 헤라클레스에게 리라를 가르쳤는데, 수업 중에 혼난 헤라클레스가 발끈하여 스승을 죽이고 말았다. 이 버전의 이야기에서 하늘의 리라가 기리는 대상은 다재다능한 리노스다.

거문고자리는 7월에서 8월 사이, 북위 90도-남위 42도에서 가장 잘 관측된다.
✷ 아르고자리, 양자리, 헤라클레스자리

독수리자리
Aquila

제우스는 독수리를 새들의 제왕으로 삼아,
그의 옥좌와 성스러운 왕홀을 지키게 하였다.

안토니노스 리베랄리스, 『변신 이야기 모음집*Metamorphoseon Synagoge*』 6편

주요인물

가니메데스 트로이의 왕자, 제우스에게 술을 따라 주는 시종

아폴론 예언·음악·의학을 관장하는 그리스 신

제우스 신들의 왕

크로노스 티탄족, 제우스의 아버지

키클로페스 제우스의 벼락을 벼린 외눈박이 거인들

페리파스 아테네 영토를 다스린 초기 왕

프로메테우스 인류를 도운 티탄족

헤라클레스 열두 가지 과업으로 유명한 그리스 최고의 영웅

헬리오스 태양의 신

제우스의 신조神鳥는 훗날 독수리자리라는 별이 되었다. 고대 작가들은 제우스가 자신의 권력을 상징하는 새로 독수리를 간택하여 수행원으로 삼은 연유를 여러 이야기로 설명했다. 어떤 전승에 따르면, 떠오르는 태양을 향해 똑바로 날아가는 새는 독수리가 유일하며 이는 곧 충성심과 신성을 타고났다는 증거로 여겨졌다고 한다. 태양 자체가 강력한 신 헬리오스였기 때문이다. 그런가 하면, 외눈박이 거인 키클로페스가 제우스의 무기로 만든 벼락을 쉽게 나를 수 있는 새가 독수리뿐이었다고 주장하는 작가들도 있었다. 하나 더하자면, 제우스가 아버지 크로노스를 위시한 선대 신들인 티탄족과의 전쟁을 앞두고 승리를 기원하며 제사를 지내던 제단(제단자리) 위로 나타난 새도 독수리였다. 제우스와 형제자매들이 전쟁에서 승리를 거두어 하늘과 땅, 지하세계를 차지할 수 있었던 걸 보면, 독수리가 하늘에 나타난 것은 분명한 길조였다.

또 다른 전승에서는, 제우스의 독수리가 원래는 아테네가 속한 아티카 지역을 초기에 다스린 부유하고 독실한 왕 페리파스였다고도 한다. 어찌나 경건하고 관대한지 신과 다름없다 할 정도였고, 그를 제우스라 부르는 사람들까지 있었다. 한낱 인간이 자신과 똑같이 존경받고 숭앙받는 데 노한 제우스는 페리파스와 그의 가족을 모조리 파멸시키기로 마음먹었다. 아폴론이 끼어들어 선처를 구하지 않았다면 페리파스는 제우스의 불벼락에 모든 걸 잃어버렸을 것이다. 제우스는 경쟁자를 죽이는 대신 독수리로 만들었고, 아폴론은 이 독수리를 제우스의 왕좌 옆에 두었다.

독수리는 제우스를 섬기는 동안 다양한 임무를 수행했다. 이를테면, 이다 산에서 양을 치던 트로이 왕자 가니메데스를 납치해 온 것도 이 독수리였다(제우스가 몸소 독수리로 둔갑했다는 설도 있다). 미소년 가니메데스는 제우스의 술 시종(물병자리)이 되어 연회가 열릴 때 신들의 술잔이 비지 않도록 술을 계속 채우는 일을 맡았다. 독수리에게 주어진 또 다른 유명하면서도 오싹한 임무는, 인간을 지나치게 돕다가 제우스에게 미운털이 박힌 티탄족 프로메테우스의 간을 쪼아 먹는 것이었다. 인간들에게 처음 불을 가져다준 것도, 인간들이 짐승을 제물로 바칠 때마다 살코기가 아닌 비계에 덮인 뼈를 받도록 신들을 속인 것도 프로메테우스였다. 이런 프로메테우스에게 제우스는 캅카스 산맥의 거대한 바위에 묶인 채 독수리에게 간을 파먹히는 형벌을 내렸다. 이 형벌은 영원히 끝나지 않을 예정이었고,

딱한 처지의 프로메테우스를 헤라클레스가 우연히 목격하여 독화살로 독수리를 죽이지 않았다면 정말로 그렇게 되었을 것이다. 독수리가 아무리 파먹어도 프로메테우스의 간은 끊임없이 재생되었으니 말이다. 독수리는 가니메데스를 납치하고 프로메테우스를 고문한 공로로 별자리가 되어, 헤라클레스의 화살(화살자리) 부근에 자리 잡았다. 발톱으로 제우스의 벼락을 그러쥔 채 날개를 펼치고 천구의 적도를 따라 날며 두 다리를 남반구 4사분면으로 뻗고 있다.

독수리자리는 7월에서 8월 사이, 북위 78도-남위 71도에서 가장 잘 관측된다.
✷ 물병자리, 제단자리, 헤라클레스자리, 화살자리

돌고래자리
Delphinus

✸

해적 메돈의 몸이 검어지더니 등뼈가 활처럼 심하게 휘었다.
"자네 대체 무슨 기이한 존재로 변하고 있는 건가?"
그의 동료 리카바스가 울부짖었지만,
그렇게 말하던 그의 입이 씩 웃듯이 옆으로 찢어지고,
코는 밖으로 구부러지고, 살갗은 비늘에 덮여 딱딱해졌다.
노를 젓고 있던 그들의 벗 리비스의 두 손은 갑자기 오그라들더니,
더 이상 손이 아닌 지느러미라 불러야 할 것이 되고 말았다!
예인줄을 붙잡으려던 또 다른 사내는 팔이 없어진 걸 알고는
수족 없는 몸뚱어리를 뒤로 젖혀 바닷물로 뛰어들었다.
꼬리가 두 갈래로 갈라지면서 초승달처럼 휘었다.
이제 그들은 배 주변을 껑충껑충 뛰어오르며 선체에 물보라를 수없이 끼얹었다.

오비디우스, 『변신 이야기』 제3권 671-684행

주요인물

디오니소스 포도주·초목·연극을 관장하는 신

세멜레 테베의 공주, 디오니소스의 어머니

아리온 전설적인 가수이자 음악가

암피트리테 포세이돈에게 사랑받는 바다의 여신

제우스 신들의 왕, 디오니소스의 아버지

포세이돈 바다의 신

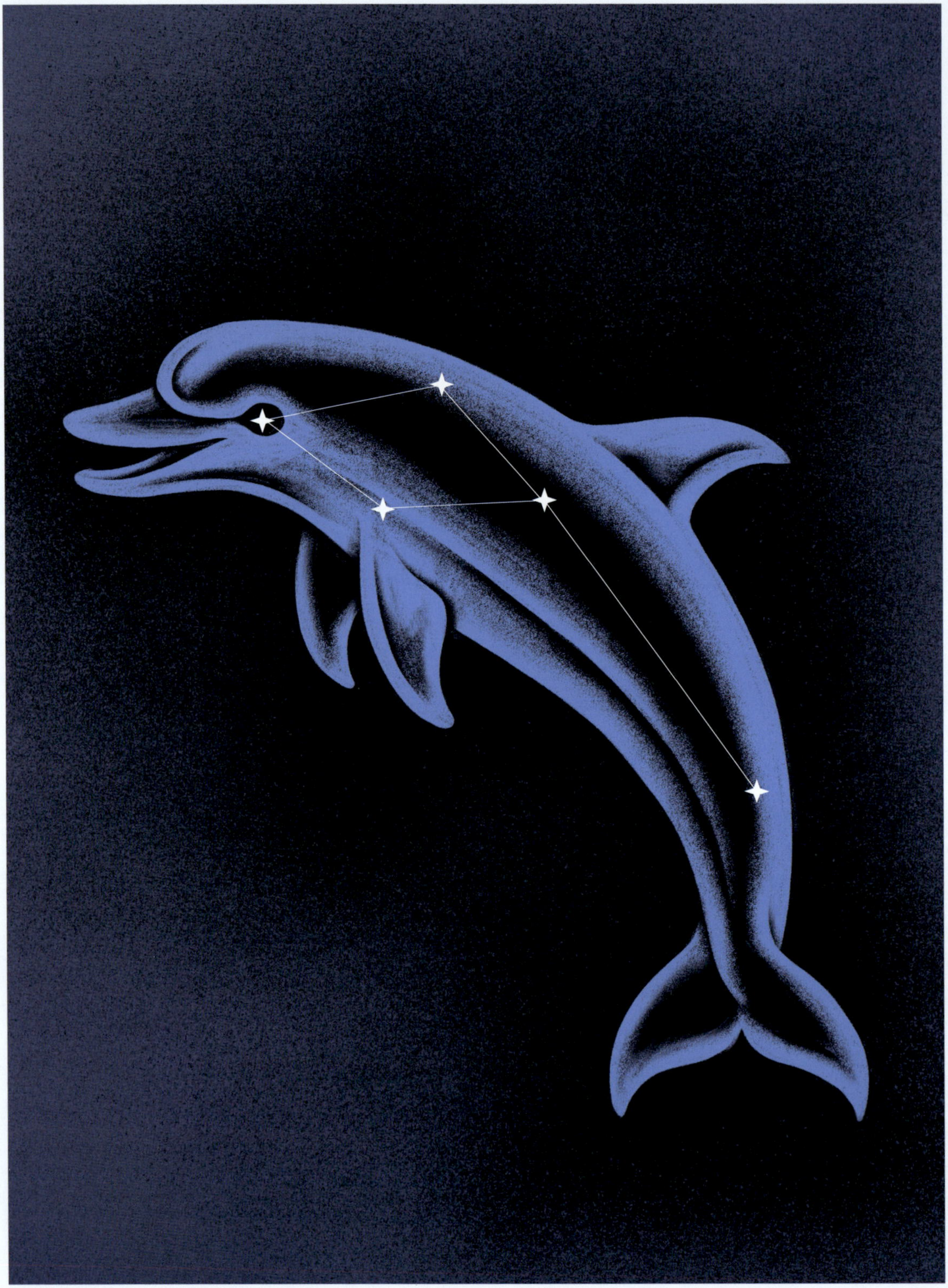

돌고래자리의 기원에는 아주 다른 세 가지 이야기가 얽혀 있다. 디오니소스 신이 어리석은 해적들에게 납치당하는 이야기가 그중 가장 유명하다. 디오니소스는 대개 포도주의 신으로 알려져 있지만, 초목을 관장하는 신이기도 했으며 변신에 능해 인간이든 짐승이든 가리지 않고 둔갑할 수 있었다.

디오니소스는 그리스 도시 테베의 공주인 세멜레와 제우스 사이에 태어난 아들이었다. 제우스의 아이를 임신한 세멜레는 이 사실을 자매들에게 알렸다. 신의 눈에 든 세멜레를 시샘한 자매들은 그 남자가 사기꾼일지도 모르니 신이라는 증거를 보여 달라고 해보라며 세멜레를 부추겼다. 세멜레는 자매들의 말을 따랐고, 제우스는 그녀에게 자신의 신성을 오롯이 드러냈다. 이는 위험한 일이었다. 신들은 보통 강력한 기운을 줄인 채 인간들 앞에 나타났다. 신성한 빛으로 번쩍이는 제우스를 감당하지 못한 세멜레는 불타 죽었고, 제우스는 그녀를 미처 구하지 못했다. 그러나 세멜레의 뱃속에 있던 태아를 산달이 찰 때까지 허벅지 속에 넣어두어 디오니소스를 구했다.

디오니소스는 태어나자마자 트라키아나 아시아 혹은 아프리카의 어딘가에 있는 니사의 산지로 보내져 그곳 님페들의 손에 자랐지만, 성인이 돼서는 다른 신들이 지내는 올림포스 산에 가기로 마음먹었다. 도중에 해적단을 만나 낙소스 섬까지 태워달라 부탁하고 승낙을 얻어냈으나 해적들은 곧 탐욕에 눈이 멀고 말았다. 부유한 귀족의 아들처럼 보이는 디오니소스를 유괴하면 몸값을 두둑이 받아낼 수 있을 것 같았다. 그래서 유괴를 작정하고 낙소스 섬을 그냥 지나쳤다. 물론 디오니소스는 배를 돌리라고 요구했지만 돌아온 건 조롱뿐이었다. "애송이 주제에 누구더러 이래라저래라야?"

해적들은 탐욕과 어리석음으로 제 무덤을 팠다. 느닷없이 으스스한 피리 소리가 들리더니, 포도 넝쿨이 자라 돛대와 노를 뒤덮는 바람에 배가 옴짝달싹 못 했다. 청년 디오니소스의 몸도 포도 넝쿨에 감기고, 호랑이며 스라소니며 표범의 혼령들이 그를 에워쌌다. 극도의 공포에 휩싸인 해적들은 배 밖으로 몸을 던졌다. 그러자 디오니소스는 바다로 뛰어드는 그들을 돌고래로 만들어버렸다. 이 이야기에 따르면, 돌고래들이 인간에게 쉽게 다가오고 배를 따라다니는 건 그들이 한때 인간이었기 때문이며, 디오니소스는 이 사건을 기념하여 하늘에 돌고래의 자리를 만들어 주었다. 디오니소스 자신은 별이 되지 않았지만, 훗날 그가 신부에게 선물한 왕관은 북쪽왕관자리가 되었다.

두 번째 신화는 바다의 신 포세이돈이 바다의 여신 암피트리테를 사랑하여 그녀와의 혼인을 원했다는 내용이다. 생각이 전혀 달랐던 암피트리테는 포세이돈이 찾지 못하게 감쪽같이 숨었다. 그러자 포세이돈은 수색 작업에 돌고래를 동원했다. 돌고래는 암피트리테를 찾아냈을 뿐만 아니라, 포세이돈의 관심을 받아들이라고 설득하기까지 했다. 이에 대한 답례로 포세이돈은 돌고래를 별자리로 만들어 주었다.

돌고래가 하늘에 등장하게 된 연유를 설명하는 또 다른 이야기의 주인공은 전설적인 음악가이자 가수인 아리온이다. 아리온은 시칠리아를 여행하며 공연으로 큰돈을 벌었다는데, 코린토스로 귀향하면서 탄 배의 선원들도 이 사실을 알고 있었다. 그들은 아리온을 배 밖으로 던져버려 손쉽게 그의 돈을 뺏기로 했다. 아리온은 돈을 줄 테니 살려 달라고 애원했지만, 아리온을 죽이면 재물을 몽땅 차지할 수 있는 선원들에게는 전혀 통하지 않았다. 그러자 아리온은 마지막 부탁을 했다. "노래를 한 곡 불러도 될까요?" 이번에는 허락이 떨어졌다. 아리온이 노래를 부르기 시작하자 놀랍게도 돌고래 몇 마리가 나타나더니 배 주위를 맴돌며 신나게 뛰놀았다. 곧 이보다 더욱 놀라운 일이 벌어졌다. 아리온이 배에서 뛰어내리자 돌고래 한 마리가 그를 등에 태워 무사히 코린토스까지 데려다준 것이다. 신들은 돌고래를 하늘로 올려 그 선행을 기렸다.

돌고래자리는 8월에서 9월 사이, 북위 90도-남위 69도에서 가장 잘 관측된다.
✷ 북쪽왕관자리

백조자리
Cygnus

✷

생각해 보세요, 제우스가 얼마나 자주 미물로 둔갑하던가요,
날씨와 구름을 부리는 강력한 신이 말이죠.
새가 되어 흰 날개를 퍼덕이며 필멸의 백조보다 더 달콤하게 노래 불렀고,
나중엔 야생 황소가 되어 처녀들과 함께 어울리려
온순하게 무릎을 꿇고 등을 낮춰 주었어요.

세네카, 『파이드라*Phaedra*』 299-304행

주요인물

레다 트로이의 헬레네와 쌍둥이 형제 카스토르와 폴룩스의 어머니
메넬라오스 스파르타의 왕, 트로이의 헬레네의 남편
아가멤논 미케네의 왕, 트로이 전쟁에서 그리스군을 지휘하는 총사령관
에우로페 온순한 흰 소로 둔갑한 제우스에게 납치당하는 티레의 공주
이오 제우스에게 유혹당해 암소가 되어 버리는, 강의 신의 딸
제우스 신들의 왕
칼리스토 제우스의 눈에 들었다가 곰이 되어 버리는 젊은 여성
틴다레오스 스파르타의 왕, 레다의 남편
파리스 헬레네를 데리고 달아나는 트로이의 왕자
헤라 신들의 여왕
헬레네 스파르타의 왕비, 트로이 전쟁의 원인

백조자리는 백조로 변신한 제우스가 은하수를 따라 날아가는 형상을 띠고 있다. 그리스의 최고신 제우스는 헤라와 결혼했지만, 바람기로 유명, 아니 악명 높았다. 인간 여성을 유혹할 땐 변신술을 요긴하게 썼는데, 주로 수월하게 꼬시기 위해서였지만 가끔은 아내의 눈을 피하기 위한 수단이기도 했다. 페니키아의 공주 에우로페에게 접근할 때는 온순하고 아름다운 황소로 둔갑했고, 덧붙이자면 이 황소 역시 황소자리라는 별자리로 밤하늘에 떠 있다. 이오 공주에게 수작을 걸 땐 구름으로 변신했다. 이오와 함께 있는 현장을 헤라에게 들키지 않기 위해서였다. 순결한 여인 칼리스토에게는 아르테미스의 모습으로 접근했다. 가여운 칼리스토는 후에 헤라에게 밉보여 곰이 되지만, 마지막엔 제우스가 그녀를 하늘로 올려 큰곰자리라는 별자리로 만들어 주었다. 제우스는 또 백조로 변신하여 스파르타의 왕비 레다를 유혹했고, 이때의 동침으로 헬레네라는 사랑스러운 딸과 폴룩스라는 고결한 아들을 얻었다.

공교롭게 레다는 남편인 틴다레오스의 아이도 같은 날 임신했고, 틴다레오스는 헬레네의 사악한 여형제 클리타임네스트라와, 폴룩스의 쌍둥이 형제로 필멸의 인간인 카스토르의 아버지가 되었다. 쌍둥이 형제 카스토르와 폴룩스는 훗날 쌍둥이자리라는 별자리가 되어 불멸성을 얻었다. 반면 헬레네는 10년간 이어진 그 유명한 트로이 전쟁의 원인이 되었다. 헬레네가 스파르타의 왕 메넬라오스의 아내였을 때 트로이의 왕자 파리스가 스파르타를 찾았다가 한밤중에 헬레네를 데리고 트로이로 달아나버렸다. 손님을 정성껏 대접했던 메넬라오스에게는 이루 말할 수 없는 모욕이었다. 아내를 되찾기 위해 메넬라오스는 그의 형제이자 강국 미케네의 왕인 아가멤논과 함께 1천 척의 배로 이루어진 함대를 이끌고 그리스에서 트로이로 향했다. 무려 10년이나 이어진 전쟁은 트로이의 목마 전략으로 끝을 맺었다. 화해의 선물로 위장된 목마 속에 숨어 잠입한 그리스 전사들이 트로이를 함락한 것이다.

백조자리는 8월에서 9월 사이, 북위 90도-남위 28도에서 가장 잘 관측된다.
✷ 쌍둥이자리, 큰곰자리, 황소자리

조랑말자리*

Equuleus

바다의 신이여, 당신을 찬미하나니,
당신의 강력한 삼지창에 맞은 대지에서 말이 힘차게 울며 솟아 나왔지요.

베르길리우스, 『농경시*Georgics*』 제1권 12-14행

주요인물

메두사 뱀 머리카락이 돋은 고르곤, 페가수스의 어머니
벨레로폰 페가수스를 길들이고 키마이라를 퇴치한 영웅
아테나 지혜와 방어전의 여신
카스토르 트로이의 헬레네의 오빠, 폴룩스의 쌍둥이 형제
페가수스 천마
포세이돈 바다와 지진을 관장하는 신
폴룩스 카스토르의 쌍둥이 형제, 쌍둥이자리의 주인공 중 한 명

* 망아지자리라고도 한다.

고대 그리스 로마의 이야기에 등장하는 여러 말들이 조랑말자리의 주인공으로 거론되었지만, 조랑말이 별자리가 된 연유를 상세하게 남긴 작가는 없다. 이 별자리는 페가수스자리 바로 옆에 있으면서 더 작고 희미하기 때문에 당연히 페가수스의 새끼라고 생각하는 이들도 있었다. 그 유명한 천마 페가수스는 뱀 머리카락을 가진 고르곤 메두사의 자식으로, 이 무슨 오싹한 조화인지, 영웅 페르세우스에게 머리가 잘린 어미의 목에서 태어났다. 페가수스는 헬리콘 산에서 무사이와 어울리며 큰 사랑을 받고, 훗날 영웅 벨레로폰에게 길들여져 사자·용·염소 혼종 괴물인 키마이라를 함께 퇴치한 것으로 가장 잘 알려져 있다.

조랑말자리의 주인공이 포세이돈과 아테나 사이에 벌어진 유명한 경쟁에서 탄생한 말이라는 설도 있었다. 아테네의 수호신 자리를 탐낸 두 신은 대결을 통해 결판 짓기로 했다. 심사관들의 지지를 얻기 위해 아테나는 올리브나무를 한 그루 만들었고, 그 나무를 재현한 올리브나무가 지금 아크로폴리스에서 자라고 있다. 한편 포세이돈은 삼지창으로 땅을 내리치고 그 갈라진 틈에서 튀어나온 세계 최초의 말을 아테네에 선물했다. 심사관들은 신중한 토의 끝에 아테나를 선택했다. 아테나의 선물이 더 귀하다고 판단했기 때문이다. 올리브 기름은 아테네 경제의 버팀목이 되었지만, 말 역시 고대 그리스에서 가장 귀한 가축으로 그 중요성이 어마어마했다.

또 다른 전승에서는, 쌍둥이자리가 기리는 호기로운 쌍둥이 형제 카스토르와 폴룩스 중 한 명이 몰고 다니던 준마가 조랑말자리의 주인공이라고도 한다. 조랑말자리가 하늘에 등장한 이유가 무엇이건 간에, 별자리로 보이는 건 조랑말의 머리뿐이다.

조랑말자리는 9월에 북위 90도-남위 77도에서 가장 잘 관측된다.

✷ 쌍둥이자리, 페가수스자리

케페우스자리

Cepheus

✷

괴물이 죽으니 해안에 울려 퍼지는 환호와 박수갈채가 저 높이 신들의 궁까지 다다른다.
구조된 처녀의 아버지 케페우스와 카시오페이아는 크게 기뻐하며
그들의 새 사위가 그들 가문을 구했노라 선언한다.
이제 쇠사슬에서 풀려난 처녀, 이 숭고한 과업의 포상이자 원인인 그녀가 저기 온다.

오비디우스, 『변신 이야기』 제4권 735-739행

주요인물

메두사 뱀 머리카락이 돋은 머리를 페르세우스에게 잘린 고르곤

아몬 그리스인들이 제우스와 동일시한 이집트 신

아테나 지혜와 방어전의 여신

안드로메다 페르세우스가 바다 괴물 케토스로부터 구하는 이집트 공주

카시오페이아 에티오피아의 왕비, 안드로메다의 어머니

케토스 포세이돈이 에티오피아의 해안을 쑥대밭으로 만들기 위해 보낸 바다 괴물

케페우스 에티오피아의 왕, 안드로메다의 아버지

포세이돈 바다의 신

에티오피아의 왕 케페우스는 사랑스러운 딸 안드로메다와 아름다운 아내 카시오페이아를 얻은 행운의 사내였다. 평화롭기만 하던 그의 왕국에 문제가 생긴 것은, 카시오페이아가 자신(혹은 그녀의 딸)이 바다의 어여쁜 님페들인 네레이데스보다 아름답다고 미련하게 떠벌리고 다니면서부터였다.

이 오만한 자랑 때문에 에티오피아와 케페우스는 벌을 받았다. 네레이데스를 동정한 포세이돈이 홍수에 이어 바다 괴물까지 보내 에티오피아의 백성들을 괴롭혔다. 케페우스는 별도리 없이 리비아에 있는 아몬 신의 신탁소로 찾아가, 왕국에 닥친 두 가지 재앙을 해결할 수 있는 방도를 물었다. 그러자 전혀 달갑지 않은 답이 내려왔다. 왕 자신의 딸을 포세이돈에게 바쳐야 한다는 것이었다. 더 구체적으로 말하자면, 해안의 깎아지른 암벽에 안드로메다를 묶어 두고 포세이돈의 바다 괴물인 케토스에게 먹잇감으로 주어야 했다. 케페우스는 고민에 빠졌다. 딸을 희생시키는 건 견딜 수 없이 괴로운 일이었지만, 백성들은 신탁을 따르라며 왕을 압박해 왔다.

이런 연유로 안드로메다는 쇠사슬에 묶인 채 그녀를 잡아갈 바다 괴물을 기다리는 신세가 되고 말았는데, 마침 영웅 페르세우스가 메두사의 잘린 머리를 들고 날개 달린 샌들을 신고서 그 위를 날아가고 있었다. 곤경에 처한 것이 분명한 이 아가씨에게 한눈에 반해버린 페르세우스는 그녀의 부모에게 딸을 구해줄 테니 사위로 삼아 달라고 제안했다. 케페우스와 카시오페이아는 안드로메다가 케페우스의 형제와 약혼했다는 사실을 순간 깜빡하고 그 자리에서 페르세우스의 제안을 수락했다. 어쨌거나 페르세우스는 괴물을 퇴치하고 안드로메다를 구한 후 케페우스의 형제와 싸워 이겼다(혹은 약삭빠른 꾀로 물리쳤다). 어떤 전승에서는, 케페우스가 안드로메다를 설득하여 페르세우스와 함께 떠나지 못하게 막으려다가 실패했다고도 한다. 페르세우스와 안드로메다는 결혼하여 일곱 명의 자식을 두었다. 아테나가 페르세우스와 안드로메다를 사후에 별자리로 만들자, 포세이돈은 케페우스와 카시오페이아, 바다 괴물 케토스도 하늘로 올려 별들 사이에 두었다. 가까이 모여 있는 이 별자리들 사이로 가족의 이야기는 변함없이 진행 중이다.

케페우스자리는 9월에서 10월 사이, 북위 90도–남위 1도에서 가장 잘 관측된다.
✱ 고래자리, 안드로메다자리, 카시오페이아자리, 페르세우스자리

페가수스자리

Pegasus

✷

메두사와 그녀의 뱀 머리칼들이 깊이 잠들었을 때
페르세우스가 그 머리를 싹둑 베어냈다.
그러자 피로 물든 목에서 두 자식이 튀어나왔으니,
바람처럼 나는 페가수스와 그의 형제 크리사오르였다.

오비디우스, 『변신 이야기』 제4권 785-787행

주요인물

네메아의 사자 헤라클레스가 첫 번째 과업으로 퇴치하는 사자 괴물

메두사 뱀 머리칼을 가진 고르곤, 페르세우스에게 퇴치되는 괴물

벨레로폰 키마이라를 퇴치하는 그리스 영웅

스테네보이아 벨레로폰에게 누명을 씌우는 티린스의 왕비

아테나 방어전의 여신, 아테네의 수호신

안드로메다 페르세우스가 바다 괴물 케토스로부터 구하는 공주

이오바테스 리키아의 왕, 스테네보이아의 아버지

제우스 신들의 왕

크리사오르 페가수스의 형제, 검을 휘두르는 거인

페가수스 날개 달린 말, 메두사의 자식

페르세우스 메두사의 머리를 베는 영웅

포세이돈 바다의 신

페가수스자리는 그리스 신화에 등장하는 유일한 천마의 이름을 따왔다. 희한하게도 이 놀라운 짐승은 머리카락 한 올 한 올이 뱀으로 되어 있는 고르곤 메두사에게서 태어났고, 이런 이유로 페르세우스와 안드로메다(둘 모두 별자리가 된다)의 이야기와 연결된다. 그러나 페가수스에게도 독자적인 이야기가 있으니, 기이한 잉태와 탄생으로 시작된다.

페가수스의 어머니 메두사가 처음부터 무시무시한 괴물이었던 것은 아니다. 그녀는 고르고네스라 알려진 세 자매 중 한 명이었다. 아름답기도 하거니와 셋 중 유일하게 죽을 수 있는 존재였다. 다시 말해, 그녀의 자매들은 죽지 않았다. 바다의 신 포세이돈은 메두사에게 반해 쫓아다니다 아테나의 신전에서 그녀와 정을 통했다. 아테나는 성스러운 공간을 더럽히는 불경을 저질렀다며 메두사를 벌했다. 아름답게 물결치던 머리칼은 뱀으로 변해 꿈틀거리고, 얼굴은 누구나 살짝 쳐다보기만 해도 돌이 되어버릴 만큼 흉측해졌다.

메두사를 처치하는 임무를 맡은 영웅 페르세우스는 신들의 도움을 받아, 투명인간으로 만들어 주는 모자, 재빨리 달아나는 데 유용한 날개 달린 샌들, 거울처럼 반짝이는 방패로 무장했다. 페르세우스는 고르고네스의 굴에서 방패를 사용하여 메두사의 위치를 알아낸 다음 소리 없이 그녀에게 접근했다. 그녀를 똑바로 쳐다보지 않고도 방패에 비친 그림자에 의지하여 검으로 그 머리를 순식간에 베어낼 수 있었다. 잘린 목에서 페가수스와 거인 크리사오르가 튀어나왔다. 아테나의 신전에서 포세이돈과 관계한 비운의 날 잉태된 자식들이었다.

페가수스는 예술의 수호신들인 무사이의 총애를 받았으며, 영웅 벨레로폰과도 인연을 맺어 죽음을 불사한 모험을 여러 번 함께했다. 청년 벨레로폰은 실수로 형제를 죽인 후, 으레 그러하듯 고국에서 추방당했다. 티린스의 왕이 그를 따뜻이 맞아 주었고, 벨레로폰에게 반한 왕비 스테네보이아는 더욱 극진히 그를 대접했다. 왕비의 유혹에도 벨레로폰은 꿈쩍하지 않았다. 이에 앙심을 품고 복수를 결심한 왕비는 벨레로폰이 자신을 겁탈했다며 누명을 씌웠다. 분노한 왕은 스테네보이아의 아버지 이오바테스가 다스리는 머나먼 리키아 왕국(현대 튀르키예의 남서쪽)으로 벨레로폰을 보내버렸다. 벨레로폰을 벌해야 하는 이유를 설명한 편지도 함께 보냈다. 이오바테스는 벨레로폰이 살아 돌아오지 못할 임무를 내려 그를 벌하기로 했다. '머리와 상반신 앞부분은 사자, 배는 염소, 꼬리는 뱀이며 입으로 불

을 내뿜는 괴물 키마이라를 사냥해 죽이시오.' 키마이라는 네메아의 사자(사자자리), 라돈(용자리), 히드라(바다뱀자리) 등의 괴물들과 남매지간이었다.

도움이 필요하다는 걸 깨달은 벨레로폰은 앞길이 막막하여 신탁의 조언을 구했다. 그래서 받은 응답은, 페가수스가 성공의 열쇠이며 그 말을 길들여 마음대로 부리려면 먼저 근처의 아테나 신전을 찾으라는 것이었다. 신전에서 잠든 벨레로폰은 황금 고삐를 얻는 꿈을 꾸었다. 깨어보니 손에 아테나의 선물인 고삐가 쥐어져 있었고, 물을 마시려 고개를 숙인 페가수스에게 쉽사리 그 고삐를 걸었다. 이제 벨레로폰은 페가수스에 올라탄 채 기습적으로 화살을 쏘아 키마이라를 퇴치할 수 있었다.

멀쩡히 살아 돌아온 벨레로폰을 보고 깜짝 놀란 이오바테스는 그 뒤로도 불가능해 보이는 과제를 잇따라 내렸는데, 그중에는 아마조네스와의 전투도 있었다. 싸우는 족족 승리를 거두자 자기 능력을 과신하게 된 벨레로폰은 급기야 자신이 신이 될 자격이 있다는 그릇된 믿음까지 생겨버렸다. 벨레로폰은 페가수스의 등에 올라타 곧장 하늘로 날아올랐지만, 제우스는 가만히 두고보지 않았다. 그는 등에 한 마리를 보내 페가수스의 궁둥이를 쏘게 했고, 그러자 페가수스가 날뛰는 통에 벨레로폰은 땅으로 추락했다. 벨레로폰은 불명예스럽고 고독한 여생을 보냈고, 페가수스는 제우스의 마구간에 들어갔다. 제우스는 페가수스의 형상을 별자리로 만들어 주었는데, 질주하는 몸뚱이의 절반만 보인다. 페가수스의 머리와 상반신 앞쪽은 북반구 4사분면에 자리하고, 등과 옆구리의 일부는 북반구 1사분면으로까지 뻗어 있다.

페가수스자리는 9월에서 10월 사이, 북위 90도-남위 53도에서 가장 잘 관측된다.
✷ 바다뱀자리, 사자자리, 안드로메다자리, 용자리, 페르세우스자리

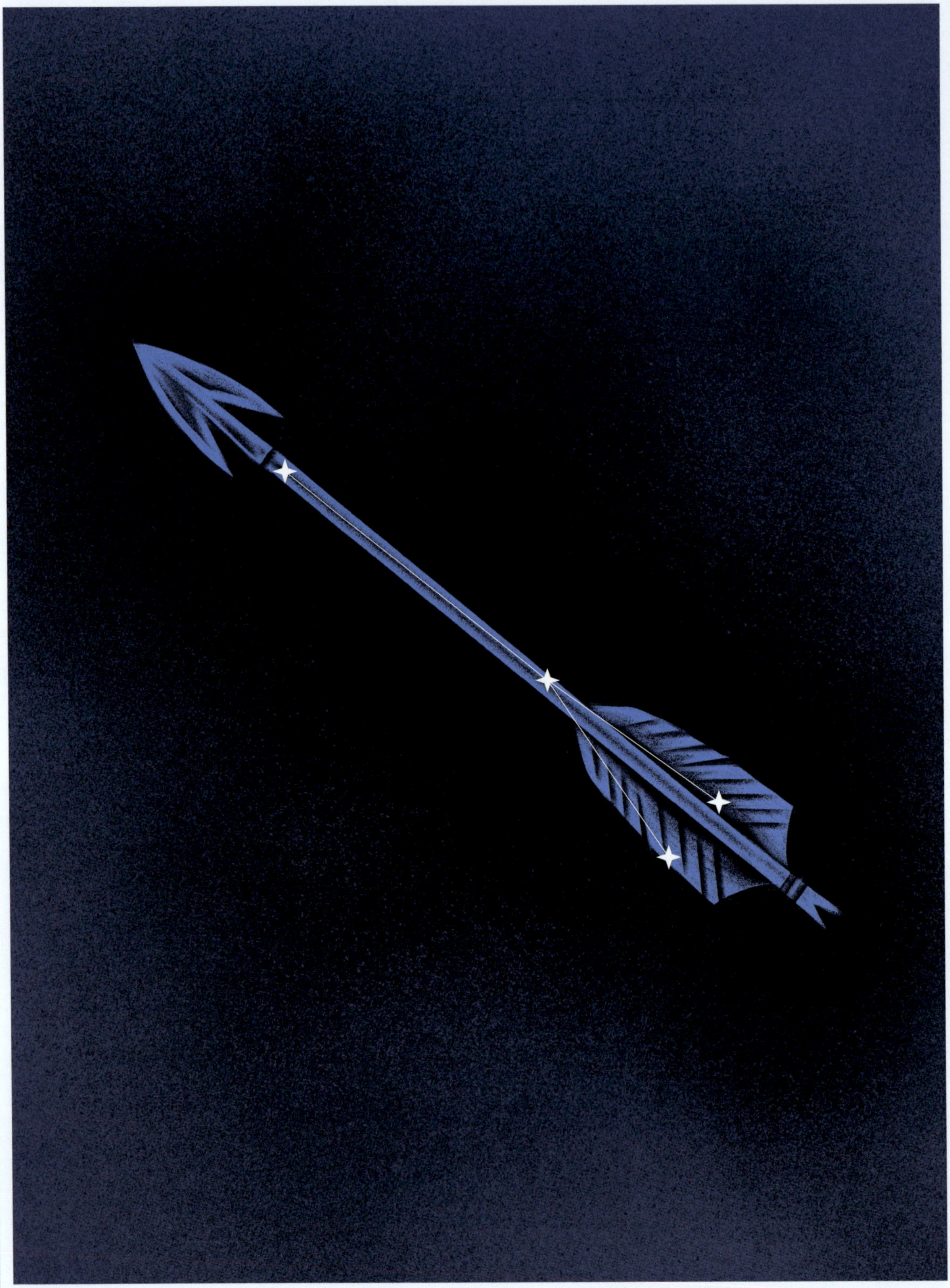

화살자리
Sagitta

아폴론은 그의 아들 아스클레피오스를 죽인 벼락을 만든
키클로페스를 이 화살로 죽였다.
그러고는 세상의 북쪽 끝자락 히페르보레오이족이 사는 산맥에 화살을 묻었으나,
제우스가 아스클레피오스의 죄를 사하여 신의 반열에 올리자 화살은 바람에 실려
아폴론에게로 돌아갔다.
이런 까닭으로 화살이 별자리가 되었다고 한다.

히기누스, 『시적 천문학』 제2권 15장 6절

주요인물

가이아 대지의 여신

라돈 헤스페리데스의 사과나무를 지키는 용

아스클레피오스 의술의 신, 아폴론의 아들, 땅꾼자리의 주인공

아폴론 예언·의학·궁술의 신

우라노스 하늘의 신

제우스 그리스 신들의 왕

크로노스 티탄족, 제우스의 아버지

키클로페스 외눈박이 거인들, 대지의 여신 가이아의 자식들

프로메테우스 항상 인간을 도운 죄로 제우스에게 벌을 받는 티탄족

피톤 델포이를 지키다가 아폴론에게 퇴치당하는 용

헤스페리데스 헤라의 신성한 사과나무 숲을 돌보는 님페들

헤카톤케이레스 백 개의 손을 가진 거인들, 키클로페스의 형제들

히드라 머리가 여럿 달린 큰 뱀, 헤라클레스에게 퇴치되는 괴물

화살자리에는 다수의 신화가 얽혀 있는데, 항상 그리스 로마 신화 속의 유명한 궁수들이 주인공으로 등장한다. 필멸의 인간들 가운데 가장 유명한 궁수는 영웅 헤라클레스로, 그의 화살은 백발백중인 데다 화살촉에 괴물 히드라의 독혈이 묻어 있어 맞으면 즉사했다. 신들 중에는 예언·의학·음악과 더불어 궁술도 관장한 아폴론이 으뜸이었다.

아폴론은 활과 화살을 자주 사용했는데, 이를테면 훗날 아폴론의 신탁소가 세워지는 델포이를 지키고 있던 용 피톤을 처치할 때도 그랬다. 그러나 아폴론의 화살이 특히 관심을 모은 것은 그가 외눈박이 키클로페스를 공격했을 때였다. 키클로페스는 대지의 여신 가이아와 하늘의 신 우라노스 사이에 태어난 자식들로, 오디세우스가 트로이 전쟁 후 10년간의 고된 귀향길에서 마주치는 키클롭스와는 아무런 관계도 없다. 키클로페스와 그 형제들인 헤카톤케이레스(백 개의 손을 가진 자들)가 태어났을 때 그들의 아비 우라노스는 이 괴물들이 꼴도 보기 싫어 그들을 어미의 몸속으로 도로 밀어 넣었다. 고통에 몸부림치던 가이아는 다른 자식들에게 도움을 청했으나 아버지의 심기를 건드릴 일에 아무도 감히 나서지 못했다. 그러나 막내 크로노스는 달랐다. 크로노스는 숨어서 기다리다가 가이아와 동침하러 온 아버지의 성기를 잘라버렸다. 이로써 잠시나마 신들의 왕으로 세상을 지배할 수 있었던 크로노스는 훗날 자신의 아들 제우스에게 패하여 왕좌를 빼앗겼다. 제우스는 어머니의 몸속에 갇혀 있던 키클로페스를 풀어 주었고, 이에 대한 답례로 키클로페스는 제우스를 대표하는 무기가 될 벼락을 만들어 주었다. 이 벼락에 희생당한 자들 중에는 아폴론의 아들 아스클레피오스도 있었다. 의술에 능통한 그는 이전에는 불가능했던 일까지 해내는 경지에까지 올랐다. 죽은 사람을 되살린 것이다. 불멸성은 신과 인간을 구별 짓는 가장 큰 차이점이었으므로 제우스는 아스클레피오스를 위협적인 인물로 간주하고 벼락을 던져 그의 숨을 끊어 놓았다. 비탄에 잠긴 아폴론은 제우스에게 직접 화풀이를 할 순 없는 노릇이니, 대신 키클로페스를 향해 활시위를 당겨 화살 한 발로 삼 형제를 몰살했다. 그러자 제우스는 그 벌로 아폴론에게 인간인 아드메토스의 종살이를 일 년간 시켰다. 한편, 아스클레피오스는 신의 아들이라 하여 제우스의 선처를 받아 땅꾼자리라는 별자리가 되었고, 동시에 신의 반열에도 올랐다. 아폴론의 화살 역시 별자리로 합류했다.

헤라클레스의 화살은 유명한 열두 가지 과업에서 여러 번 사용되지만, 그중 두 사례가 특히 눈여겨볼 만하다. 하나는, 펠로폰네소스 반도 중부의 스팀팔로스 호수 부근에 크게 무리 지어 살던 두루미 같은 새들을 제거할 때였다. 특이하고도 무시무시한 이 새들은 청동 깃털을 화살처럼 쏘아대어 주민들을 공포에 떨게 했다. 명궁수 헤라클레스는 먼저 방울을 울려 새들을 은신처에서 불러낸 다음 화살을 쏘아 여러 마리를 죽였다. 살아남은 새들은 겁을 먹고 멀리 달아났다. 후에, 잠들지 않는 용 라돈(용자리)이 지키고 헤스페리데스가 돌보는 유명한 황금 사과를 가지러 가던 헤라클레스는 캅카스 산맥의 바위에 묶여 있는 티탄족 프로메테우스를 우연히 발견했다. 프로메테우스는 신들에게 해를 끼치면서까지 인간을 돕는다는 이유로 제우스에게 벌을 받는 중이었고, 쇠사슬에 묶인 채 제우스의 독수리(독수리자리)에게 쪼아 먹히고 있었다. 독수리는 먹히자마자 다시 자라나는 프로메테우스의 간을 파먹느라 정신없이 바빴다. 프로메테우스가 딱해진 헤라클레스는 화살을 쏴 독수리를 죽이고 쇠사슬을 풀어 주었다. 신들은 그 화살 중 하나를 독수리자리의 북쪽, 백조자리의 남쪽에 올려 별자리로 만들었다. 백조와 독수리처럼 화살자리의 화살도 은하수를 따라 하늘을 날아오르고 있다.

화살자리는 8월에 북위 90도-남위 69도에서 가장 잘 관측된다.
✷ 땅꾼자리, 바다뱀자리, 백조자리, 용자리, 헤라클레스자리

남반구 1사분면

고래자리 * 에리다누스강자리 * 토끼자리

고래자리

Cetus

✷

갑자기, 저 깊은 곳에서 우르르하고 울리는 굉음이 드넓은 대양으로 퍼지며
점점 다가오더니 무시무시한 괴물이 광활한 바다 위로 가슴을 내밀며 불쑥 나타났다.
그것을 보고 처녀 안드로메다는 비명을 질렀다.

오비디우스, 『변신 이야기』 제4권 688-691행

주요인물

메두사 고르고네스 세 자매 중 한 명

아테나 지혜와 방어전을 관장하는 그리스 여신

안드로메다 에티오피아의 공주

카시오페이아 에티오피아의 왕비, 안드로메다의 어머니

케토스 바다 괴물

케페우스 에티오피아의 왕, 안드로메다의 아버지

페르세우스 안드로메다를 구하고 메두사를 퇴치하는 영웅

포세이돈 바다를 다스리는 그리스 신

그리스 영웅 페르세우스와 에티오피아 공주 안드로메다의 삶을 이야기할 때는 바다 괴물 케토스*를 빼놓을 수 없다. 페르세우스는 안드로메다를 보는 순간 한눈에 반했지만, 그녀와 부부의 연을 맺기 위해서는 잔혹한 숙명으로부터 그녀를 구해야 했다. 그녀는 포세이돈이 에티오피아를 공포에 몰아넣을 작정으로 보낸 바다 괴물 케토스에게 바쳐진 제물로 높다란 암벽에 묶여 있었다.

에티오피아의 왕 케페우스가 안드로메다를 케토스에게 바친 이유는, 딸 안드로메다가 바다의 님페들보다 아름답다고 떠벌리고 다닌 카시오페이아 왕비의 죄를 씻기 위해서였다. 포세이돈은 그런 허풍을 용납하지 않았다. 그래서 페르세우스가 나타나 자신이 괴물을 처치해줄 테니 안드로메다와 혼인시켜 달라고 제안했을 때, 비탄에 잠겨 있던 부모는 두말없이 승낙했다.

케토스가 파도를 가르며 안드로메다에게 다가오자, 페르세우스는 날개 달린 샌들을 신고 절대 부러지지 않는 검으로 무장한 채 하늘에서 날아 내려가 괴물을 급습했다. 괴물과 격전을 벌이던 페르세우스는 괴물의 엄니와 채찍 같은 꼬리를 피해 치명타를 한 방 날렸다. 괴물이 철철 흘린 피가 홍해를 붉게 물들였다. 페르세우스는 고르곤 메두사의 잘린 머리(이전의 위험천만한 모험에서 손에 넣은 치명적인 비장의 무기)를 쳐들어 괴물의 거대한 사체를 돌로 만들었다.

페르세우스와 안드로메다가 함께 천수를 누린 후 생을 마치자 아테나는 그들을 하늘로 올려 별자리로 만들었다. 그리고 그들의 숭고한 삶이 길이길이 기억되도록 안드로메다의 부모와 괴물 케토스도 별자리로 만들었다고 한다. 안드로메다 이야기의 모든 등장인물을 알리려는 포세이돈의 뜻이라는 설도 있다. 고래자리는 천구의 적도에 걸쳐 있다. 둥글게 휘감긴 몸뚱이는 남반구 1사분면에 자리하고 있지만, 머리와 목은 북반구 1사분면으로 뻗어 있다.

고래자리는 10월에서 12월 사이, 북위 65도–남위 79도에서 가장 잘 관측된다.
✷ 안드로메다자리, 카시오페이아자리, 케페우스자리, 페르세우스자리

* 'Cetus'는 영어 'whale'로 번역되었고, 천문학 명칭에도 그대로 사용되어 한국어로는 고래자리로 번역되었다.

에리다누스강자리

Eridanus

✷

그가 이야기하기를,
벼락불에 맞은 파에톤이 전차에서 떨어져 허공으로 곤두박질치다가
절반은 탄 몸으로 에리다누스 강에 묻혔으며,
에리다누스 강둑에서 그의 누이들이 잎사귀 끝으로 눈물을 흘리며
그 대담한 소년의 죽음을 애도했다고 한다.

논노스, 『디오니소스 이야기』 제38권 91-95행

주요인물

제우스 그리스 신들의 왕

클리메네 파에톤의 어머니

파에톤 헬리오스의 어린 아들

헬리아데스 헬리오스의 딸들, 파에톤의 누이들

헬리오스 태양신

그리스 로마 신화에서 에리다누스강자리는 에리다누스 강을 표현하는 별자리로, 마차부자리와 연관된 유명한 인물들 가운데 한 명인 파에톤과 밀접하게 연결되어 있다. 파에톤은 태양신 헬리오스와 님페 클리메네의 어린 아들이었다. 어느 날, 자기가 신의 아들이라고 말했다가 친구에게 놀림받자 믿음이 흔들린 파에톤은 어머니에게 아버지가 신이라는 증거를 보여 달라고 졸랐다. 헬리오스에게 직접 진실을 들으라는 어머니의 말에 따라 파에톤은 이집트에서 세상의 동쪽 끝에 있는 태양신의 궁전까지 기나긴 여정을 떠났다. 매일 아침 태양이 새로이 떠오르는 장소인 그 궁전을 보자마자 파에톤은 제대로 찾아왔음을 확신했다. 황금이며 청동이며 은이 휘황찬란하게 번쩍이는 통에 똑바로 쳐다보기가 힘들 정도였다. 헬리오스가 왜 왔느냐고 묻자 파에톤은 한 가지 부탁이 있어서 왔다고 했고, 헬리오스는 무슨 부탁이든 들어주겠노라 약속했다. 이렇게 무턱대고 승낙한 것은 신답지 않은 실수였다. 파에톤은 아버지의 눈부시게 빛나는 전차를 몰아보고 싶다고 했지만, 그에게는 역부족이라는 사실이 금세 드러났다. 파에톤에게는 전차를 끄는 말들을 부릴 만한 기술도 힘도 없었다. 말들은 하늘 높이 솟구쳐 올라 별자리를 태워버리는가 싶더니 다시 곤두박질하듯 내려가 땅을 불바다로 만들었다. 그 탓에 호수 물은 말라버리고 사람들과 가축은 새까맣게 타버렸다. 더는 두고볼 수 없었던 제우스가 벼락을 날리자, 그 불에 맞은 파에톤은 하늘을 달리던 전차에서 대지의 에리다누스 강으로 추락했다. 파에톤의 누이들인 헬리아데스(헬리오스의 딸들)는 동생의 운명을 전해 듣고는 강둑에 모여 통곡했다. 슬픔을 가누지 못한 그들은 포플러가 되었고, 그들이 하염없이 흘리는 눈물은 호박琥珀이 되었다.

이 강의 정확한 위치는 고대에 알려지지 않았고, 지금까지도 수수께끼로 남아 있다. 고대 작가들은 현재의 라인 강, 론 강, 도나우 강, 포 강 등 호박이 발견되는 유럽의 여러 강을 떠올렸다. 그런가 하면, 접시 모양의 대지를 둘러싸며 흐르는 허구의 강 오케아노스나 나일 강이 에리다누스 강이라 주장하는 이들도 있었다. 사실 많은 고대 작가들은 그저 '강'이라 칭했다. 에리다누스 강이 어디든 간에 그 강을 빼닮은 별들이 하늘에서 영원토록 흐르고 있다.

에리다누스강자리는 11월에서 1월 사이, 북위 32도-남위 89도에서 가장 잘 관측된다.
✷ 마차부자리

토끼자리

Lepus

사람들은 오리온이 사냥꾼임을 드러내고 싶어서
그의 발치에 사냥개에게서 달아나는 토끼를 두었다고 한다.

히기누스, 『시적 천문학』 제2권 33장 1절

주요인물

가이아 대지의 여신

아르테미스 사냥의 여신, 야생 동물의 수호신

오리온 고전 신화 최고의 사냥꾼 중 한 명

제우스 신들의 왕

토끼자리는 사냥꾼 오리온의 발밑에서 밤하늘을 쏜살같이 가로지르며 오리온의 사냥개에게 쫓기고 있다. 개는 주인에게 바짝 붙어 있는 큰개자리다.

영웅 오리온이 사냥꾼임을 분명히 알리기 위해 제우스가 토끼를 하늘에 두었다고들 한다. 사실 오리온은 고전 신화에서 겨룰 자가 거의 없는 최고의 사냥꾼이었지만, 자신의 실력을 떠벌리고 다니다 신들, 특히 아르테미스에게 미운털이 박혔다. 오리온은 크레타 섬의 짐승을 모조리 사냥해서 죽일 수 있다고 큰소리쳤다. 크레타 섬에서 오리온과 함께 어울렸던 아르테미스는 사냥의 신인 동시에 짐승들의 수호신이기도 했다. 오늘날의 시각으로 보면 모순된 것처럼 보이지만, 고대에는 그렇지 않았다. 사냥꾼들은 자신이 생명을 빼앗고 있음을 마음 깊이 인지하고 있었으며, 그렇게 취한 짐승의 생명을 성스러운 선물로 여겼다. 그래서 짐승에게 용서를 구하고, 제사를 올려 포획물을 신들과 나누었다. 무턱대고 짐승을 살육하는 건 용서받지 못할 죄였다.

사냥 실력을 뽐내고 다닌 오리온은 응분의 벌을 받아, 아르테미스 혹은 대지의 여신 가이아가 보낸 거대한 전갈에게 쏘여 죽었다. 제우스는 인간들에게 그들과 함께 살아가는 짐승들을 소중히 여기라고 경고하는 뜻에서 전갈(전갈자리)을 별자리로 만들었고, 오리온 역시 토끼와 사냥개 한 마리(혹은 두 마리)를 거느린 채 별자리가 되었다. 만약 두 마리라면 큰개자리와 작은개자리에 해당한다.

밤하늘에 토끼가 존재하는 이유를 설명하는 또 다른 이야기가 있는데, 덜 알려진 이 전승에는 오리온이 등장하지 않는다. 토끼의 대단한 번식력에 매료된 한 청년이 새끼를 밴 토끼 한 마리를 그리스의 레로스 섬에 들였다. 토끼가 새끼를 낳자 다른 섬사람들도 이 새로운 동물에 관심을 갖고 선물이나 진기한 소장물로 토끼를 탐내기 시작했다. 곧 너도나도 토끼를 기르면서 섬에 토끼가 들끓더니, 토끼들이 곡물과 종자를 먹어 치우는 통에 기근이 들었다. 마침내 주민들은 어렵사리 토끼들을 섬에서 몰아낸 뒤 다른 사람들에게 경고하는 의미로 토끼의 형상을 별들 사이에 두었다. "득보다 실이 많으니 함부로 탐내지 마시오."

토끼자리는 1월에 북위 62도-남위 90도에서 가장 잘 관측된다.
✷ 오리온자리, 작은개자리, 전갈자리, 큰개자리

남반구 2사분면

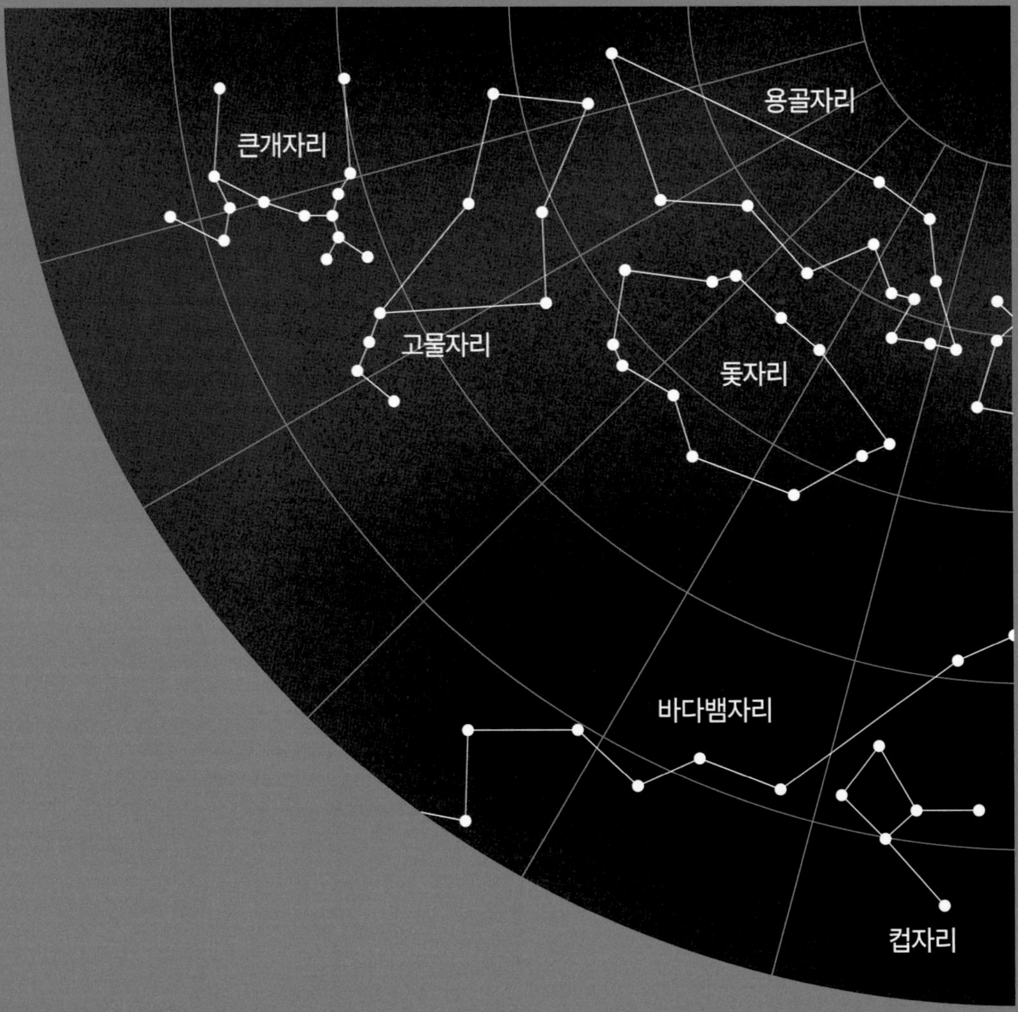

바다뱀자리 * 아르고자리

컵자리 * 큰개자리

바다뱀자리

Hydra

✸

헤라클레스는 무시무시한 히드라를 처치한 뒤 배를 가르고 쓸개즙에 화살을 담갔다.
이후로 그가 쏜 화살에 맞는 자는 누구든 죽음을 피할 수 없었다.

히기누스, 『이야기*Fabulae*』 30장 3절 1-5행

주요인물

게자리[의 게] 헤라클레스를 공격한 거대한 게

네메아의 사자 헤라클레스의 첫 번째 과업에서 퇴치되는 사자 괴물, 히드라와 남매지간

레르나의 히드라 머리 여럿 달린 뱀, 헤라클레스와 대적하는 괴물

벨레로폰 페가수스를 길들이고 키마이라를 퇴치하는 영웅

에키드나 반인반사의 괴물, 히드라의 어머니

케르베로스 지하세계 입구를 지키는 삼두견

키마이라 염소·사자·뱀의 혼종 괴물, 히드라와 자매지간

티폰 백 개의 뱀 머리로 불을 내뿜는 괴물, 히드라의 아버지

페가수스 날개 달린 말, 메두사의 자식

헤라 신들의 여왕

헤라클레스 열두 가지 과업으로 유명한 그리스 최고의 영웅

악명 높은 히드라는 펠로폰네소스 반도 동부의 레르나 늪지에 사는 거대한 암컷 물뱀이었다. 뱀 괴물인 티폰과 에키드나 사이에 태어난 무시무시한 자식들 중 하나인 히드라는 머리가 여럿이었는데, 일부 고대 작가에 따르면 무려 백 개였다고 한다. 히드라의 쓸개즙, 피, 숨결에는 독이 있었다. 쉽게 예상할 수 있듯이, 히드라의 형제자매들 역시 괴물이었는데, 포악한 사자(사자자리)는 네메아의 시골을 서성거리며 주민들을 공포에 몰아넣었으며, 삼두견 케르베로스는 지하세계의 입구를 지켰고, 용(용자리)은 헤스페리데스의 황금 사과를 지켰고, 염소·사자·뱀의 혼종 괴물 키마이라는 천마 페가수스를 길들인 영웅 벨레로폰의 손에 퇴치되었다.

헤라는 네메아의 사자와 마찬가지로 히드라를 길러 시골 주민들을 공포에 떨게 만들고, 최후에는 영웅 헤라클레스와 맞서게 했다. 이것이 바로 헤라클레스의 두 번째 과업이었다. 히드라의 머리를 하나 베어낼 때마다 두 개가 새로 자라나서 유난히 힘겨운 싸움이었다. 거기다, 헤라클레스와 고투 중인 히드라를 돕겠다고 거대한 게(게자리)까지 나타났다. 이 게는 곧장 헤라클레스에게 짓밟혀 죽었지만, 히드라는 그렇게 쉽게 처리되지 않았다.

헤라클레스는 이 모험에 함께 나선 조카 이올라오스가 마침 들고 있던 횃불을 잡아채어 히드라의 목을 하나 벨 때마다 그 자리를 불로 지졌다. 그러나 히드라의 머리들 중 하나는 불사였는데, 헤라클레스는 이에 대한 해결책도 찾아냈다. 죽지 않는 머리를 베어내 묻은 다음 그 위를 거대한 바위로 덮어버린 것이다. 그러곤 히드라의 사체를 가르고 그 안의 독을 화살에 묻혀, 스치기만 해도 치명상을 입히는 무기를 손에 넣었다.

켄타우루스들인 케이론, 네소스, 폴로스(셋 모두 켄타우루스자리와 연관되어 있다)뿐만 아니라 헤라클레스 자신도 그 독화살에 최후를 맞았다. 헤라클레스의 이 화살 역시 별자리(화살자리)가 되었다. 히드라와 그 친구인 게는 헤라의 선처로 별들 사이에 자리하게 되었다. 현재 공인되는 별자리들 가운데 가장 큰 바다뱀자리는 세 개의 사분면에 걸쳐 하늘길을 구불구불 나아가고 있다. 몸뚱이는 남반구 2사분면과 3사분면으로 뻗고, 머리는 북반구 2사분면으로 치켜든 채 말이다.

바다뱀자리는 2월에서 6월 사이, 북위 54도–남위 83도에서 가장 잘 관측된다.
✷ 게자리, 사자자리, 용자리, 페가수스자리, 헤라클레스자리, 화살자리

아르고자리

Argo Navis

✷

아르고호가 거센 풍랑을 가르고 노들이 거품 이는 파도를 마구 휘저을 때
바다의 님페들인 네레이데스가 새하얀 포말을 뚫고 저 깊은 곳으로부터 솟아나와
이 생소하고 기이한 것을 보고 놀라워했다.
바다의 님페들이 머리와 어깨와 벌거벗은 가슴을 파도 위로 내밀어
필멸의 인간들 앞에 드러낸 일은 그날 이후로 없었다.

카툴루스, 『카르미나*Carmina*』, 64편 12-18행

주요인물

메데이아 콜키스의 공주, 마법사

스킬라 머리는 인간 여성, 하반신은 물고기 꼬리이며 허리에는 개의 머리들이 돋아 있는 괴물

아르고스 아르고호를 만든 장인

아르고호 원정대 이아손과 함께 황금 양피를 찾아 떠난 영웅들

아이손 이올코스의 선왕先王, 이아손의 아버지

아이에테스 콜키스의 왕, 메데이아의 아버지

아킬레우스 트로이 전쟁에서 공훈을 세운 그리스 영웅

아테나 방어전의 여신, 장인들의 수호신

오르페우스 고대 그리스 최고의 음악가

이아손 이올코스의 왕자, 아르고호의 선장

제우스 신들의 왕

카리브디스 거대한 소용돌이

카스토르 쌍둥이자리의 주인공인 쌍둥이 형제 중 한 명

케이론 고결하고 박식한 켄타우루스

키르케 마법사, 메데이아의 고모

탈로스 거의 무적인 청동 거인

펠리아스 이올코스의 비합법적 왕

폴룩스 카스토르의 쌍둥이 형제

피네우스 하르피이아이에게 괴롭힘당하다 아르고호 원정대에게 구조되는 남자

하르피이아이 피네우스의 음식을 가로채는 반인반조半人半鳥의 괴물

헤라 신들의 여왕

헤라클레스 열두 가지 과업으로 유명하며 가장 사랑받는 그리스 영웅

헬리오스 태양신

거대한 별자리인 아르고자리는 세계 최초의 항해선으로 알려진 배의 이름을 따왔다. 그러니 신들도 바다 생물들도 전혀 낯선 생김새의 이 선박을 처음 보고는 깜짝 놀랐을 것이다. 아르고호는 숙련된 장인 아르고스가 아테나의 조언에 따라 지은 배로, 아테나는 도도나 성역의 참나무로 만든 갑판보를 대주었다. 제우스의 신목인 그 참나무는 바스락거리는 이파리로 예언을 전하는 능력이 있었고 갑판보 역시 말을 할줄 알아서 새로운 선박의 선원들을 인도해 주었다. 아르고호의 선장은 그리스 북부 테살리아의 도시 이올코스의 합법적 왕위 계승자인 이아손이었고, 걸출한 선원들은 그리스 최고의 용사들로 이루어져 있었다. 아킬레우스의 아버지, 유명한 리라(거문고자리)를 연주하는 명성 자자한 가수이자 시인 오르페우스, 헤라클레스, 관대한 쌍둥이 형제 카스토르와 폴룩스(쌍둥이자리) 등이 그 명단에 이름을 올렸다. 통칭하여 아르고호 원정대Argonauts라 불린 선장과 선원들은 실로 웅장한 여정을 함께했다.

이야기는 이올코스의 적법한 왕 아이손의 아들인 이아손으로 시작된다. 아이손은 이복형제 펠리아스에게 왕위를 빼앗겼고, 이아손이 태어나자 그의 어머니는 갓 태어난 아들이 펠리아스에게 살해당하지 않도록 재빨리 손을 써야 했다. 그래서 아기가 사산된 척하고, 켄타우루스 케이론(켄타우루스자리)이 살고 있는 산속 동굴로 몰래 아들을 보냈다. 그곳에서 이아손은 케이론의 돌봄 속에 자라고 교육받았다. 그리고 당연히도, 성년이 돼서는 집으로 돌아가 자신의 정당한 권리인 왕위를 되찾으려 했다.

가는 길에 이아손은 물살이 거센 강을 만났는데, 둑에 어느 노파가 허약한 몸으로 건너지 못하고 우두커니 서 있었다. 곤경에 처한 노파가 가여워진 이아손은 어깨에 태워 주겠다고 제안했고 노파는 고맙게 받아들였다. 두 사람은 무사히 건너긴 했지만, 이아손의 샌들 한 짝이 물살에 떠내려가고 말았다. 노파의 정체는 다름 아닌 헤라였고, 이 일은 이아손에 대한 시험이었다. 이아손은 시험을 멋지게 통과했다. 헤라는 그 후로 파란만장한 모험을 숱하게 겪는 이아손에게 도움의 손길을 내밀었다.

이윽고 이올코스에 당도한 이아손은 펠리아스 왕에게 알현을 청했다. 이미 샌들 한 짝만 신고 찾아오는 이방인을 조심하라는 예언을 들은 펠리아스는 이아손의 행색을 보고 불안해졌다. 이아손이 자신의 정체를 드러내자 펠리아스는 왕좌를 내놓겠다고 선뜻 약속하면서도 한 가지 조건을 걸었다. 머나먼 흑해 연안의 콜키스 왕국에서 잠들지 않는 용이 지키고 있는 신성한 양(양자리)의 황금 가죽을 가져오라는 것이었다. 펠리아스는 이아손이 이 일을 해내기는커녕, 살아 돌아오지도 못하리라 예상했다. 물론 이아손은 조건을 받아들인 뒤 위험한 여정을 준비했다. 이윽고 아르고호가 완성되고 면면이 화려한 선원들이 모였다. 아르고호 원정대는 결코 순탄치 않은 여정 속에서 수많은 위험에 맞닥뜨렸다.

먼저, 렘노스 섬의 여인들과 마주쳤는데, 남자란 남자는 아이까지도 모조리 죽여버린 그들은 이제 아르고호 원정대를 남편으로 삼으려 했다. 원정대는 베브리케스족이라는 호전적인 부족도 만났다. 부족의 왕은 외지인이 처음 찾아올 때마다 자신이 이길 수밖에 없는 권투 시합을 요구했다. 그러나 폴룩스와 맞붙었다가 일격에 사망하여 더는 시합을 할 수 없게 되었다.

원정대는 포세이돈의 아들로서 이어받은 신성한 혈통이 무색하게도 끊임없이 고통받는 남자 피네우스도 우연히 만났다. 예언 능력 때문에 제우스에게 밉보여 맹인이 되어버린 그는 음식을 입에 대려 할 때마다 반인반조의 무시무시한 여성 괴물들인 하르피이아이에게 빼앗기고 말았다. 하르피이아이가 미처 채가지 못한 음식은 그들의 배설물에 뒤덮였다. 그의 비참한 처지를 딱하게 여긴 아르고호 원정대는 하르피이아이를 쫓아내 주었고, 피네우스는 보답으로 에게해에서 흑해로 들어가는 길목에서 위협이 되는 심플레가데스(충돌하는 바위들)를 무사히 통과하는 유일한 방법을 알려 주었다. 비둘기 한 마리가 이 바위들 사이를 무사히 빠져나가면 아르고호도 지나갈 수 있으리라는 것이었다. 원정대원 중 한 명에게 비둘기가 있었고, 이 비둘기는 아슬아슬하게 두 바위 사이를 통과했다.

아르고호 원정대가 콜키스 해안에 도착하자 그곳의 왕 아이에테스는 그들을 환대했지만, 그들이 황금 양피뿐만 아니라 그의 왕위까지 탐내지는 않을까 걱정이었다. 그래서 이아손에게 무리한 과제를 더 얹어 주기로 했다. 이아손이 알아서 죽어주면, 왕 자신의 손에 피를 묻혀 신들에게 미움받는 일도 없을 터였다. 아이에테스가 이아손에게 던진 과제는, 불을 내뿜는 황소 한 쌍에게 멍에를 씌워 밭을 간 다음 용의 이빨을 뿌려 싹 대신 사나운 전사들이 솟아나게 하라는 것이었다. 성공하면 황금 양피를 주겠다고 했다.

운 좋게도 이아손은 첫눈에 그에게 반해버린 마법사이자 아이에테스의 딸인

메데이아에게 도움을 받았다. 메데이아는 황소가 내뿜는 불길로부터 이아손의 피부를 지켜줄 연고를 주고, 용의 이빨로부터 솟아나는 전사들과 싸워 이기는 방법도 알려 주었다. 그들의 한가운데로 돌멩이를 던지면 그들이 혼란에 빠져 서로를 공격할 거라고 했다. 과제를 성공적으로 마친 이아손이 궁으로 돌아가 황금 양피를 달라 요구했으나 아이에테스는 거부했다. 그러자 이번에도 메데이아가 나섰다. 양피를 지키는 용을 그녀의 약으로 잠재운 덕에 원정대는 양피를 훔쳐 얼른 달아날 수 있었다. 콜키스 군대가 추격해 왔지만, 아르고호는 무사히 탈출했다.

귀향길도 위험하기는 매한가지였다. 아르고호 원정대는 마법사 키르케, 청동 거인 탈로스, 괴물 스킬라와 카리브디스 등과 마주쳤다. 마침내 이아손이 이올코스로 돌아오자 펠리아스 역시 약속했던 왕좌를 내놓지 않으려 했다. 이아손의 아내가 된 메데이아가 또 한 번 소매를 걷어붙였다. 그녀는 펠리아스의 딸들에게 늙은 왕을 회춘시켜 주겠다며, 자신의 능력을 증명해 보이기 위해 늙은 숫양을 잘게 썰어 가마솥에 집어넣었다. 그러자 숫양은 젊고 멀쩡한 모습으로 펄쩍 뛰어나왔다. 펠리아스의 딸들에게 허락을 받아낸 메데이아는 왕을 토막 내어, 마법의 묘약 대신 끓는 물만 가득 들어 있는 솥에 집어넣었다. 이렇게 펠리아스는 죽었지만, 메데이아는 목적을 이루지 못했다. 아내가 살인을 저질렀기에 이아손은 왕이 될 수 없었다. 그리스에서 살인자는 사형이나 추방형을 선고받았기 때문에 두 사람은 코린토스로 달아났다.

코린토스에서 이아손은 치명적인 실수를 저질렀다. 그곳 공주와의 혼인을 결심한 것이다. 질투심에 격분한 메데이아는 그에게 최대한의 고통을 안겨줄 계략을 꾸몄다. 자신이 낳은 이아손의 자식들에게 머리 장식과 망토를 주며 이아손의 새 신부에게 전하라고 했다. 이 선물에는 독이 묻어 있었고, 공주와 그녀를 구하러 달려온 왕은 불타 죽었다. 메데이아는 자기 자식들을 다음 표적으로 삼아 한 명씩 칼로 찔러 죽였다. 태양신 헬리오스의 손녀인 메데이아는 처참해진 이아손을 뒤로한 채 신의 전차를 타고 달아났다.

이아손의 말로는 결코 명예롭지 못했지만, 아테나는 의무를 다한 배 아르고호를 하늘로 올려 별자리로 만들었다. 하늘에 떠 있는 아르고호는 마치 거꾸로 항해하는 듯 뒷모습을 보여준다. 고대에 알려진 아르고자리는 바다뱀자리보다 거의 30퍼센트나 더 클 만큼 거대한 별자리였다. 그래서 후대의 천문학자들은 별자리를 구성하는 별들이 너무 많아 추적이 쉽지 않다고 판단하여, 용골자리, 고물자리, 돛자리 등 세 개의 별자리로 나누었다. 18세기에 프랑스 천문학자 니콜라 루이 드 라카유가 처음 분리했고, 1930년에 국제천문연맹이 이를 공식화했다. 고물자리와 돛자리는 용골자리의 북쪽에 있으며, 셋 모두 은하수를 따라 펼쳐 있다.

용골자리는 1월에서 4월 사이 북위 14도-남위 90도에서, 고물자리는 1월에서 2월 사이 북위 39도-남위 90도에서, 돛자리는 2월에서 4월 사이 북위 32도-남위 90도에서 가장 잘 관측된다.

✷ 바다뱀자리, 쌍둥이자리, 양자리, 켄타우루스자리, 헤라클레스자리

컵자리

Crater

✷

옛 천문학자들은 악행을 저지르고도 무사한 인간은 없으며
잊히는 폭력도 없음을 인류에게 알리기 위하여 별들로 그 컵을 그려 넣었다.

히기누스, 『시적 천문학』 제2권 40장 3절

주요인물

데모폰 엘라이우사의 왕

마투시오스 엘라이우사의 귀족

아폴론 예언·의학·음악·궁술의 신

제우스 그리스 신들의 왕

폴로스 친절하고 독실한 켄타우루스

헤라클레스 열두 가지 과업으로 유명한 그리스 최고의 영웅

비교적 작고 희미한 별자리인 컵자리는 고대에도 별자리 이름들이 바뀌고 혼동되기도 했다는 사실을 보여주는 한 사례다. 그리스의 초기 문헌에는 이 별자리가 '칸타로스kantharos', '칼페kalpe', '킬릭스kylix' 등의 이름으로 표기되어 있는데, 셋 모두 '컵'이라는 뜻이다. 일부 로마 작가들도 이 별자리를 '컵'이라 불렀다. 반면 라틴어 이름 '크라테르Crater(그리스어로는 krater)'의 실제 의미는 물을 따라 마시는 용기가 아니라, 포도주와 물을 섞는 그릇이다. 그리스인들은 반드시 포도주에 물을 타서 마셨다. 포도주 원액을 마시는 건 방종하고 무절제한 행동으로 여겨졌다. 그래서 크라테르에 포도주와 물을 섞은 다음 주전자로 컵에 따라 마셨다.

공교롭게도 고대에는 컵과 크라테르의 모양새가 비슷했다(크라테르가 더 크긴 했지만). 밤하늘의 그릇은 어느 쪽이든 될 수 있고, 고대에 떠돌던 이야기 역시 어느 쪽에든 해당할 수 있다. 컵이든 크라테르든 이야기에는 큰 차이가 없다. 시간이 흐르면서 알 수 없는 이유로 '크라테르'라는 이름이 우세해졌지만, 사람들은 여전히 이 별자리를 컵 모양으로 생각하고 있다.

컵자리는 대개 까마귀자리 이야기와 연결되는데, 다음과 같이 전개된다. 제우스를 위한 연회를 준비 중이던 아폴론은 순수한 물을 제물로 바치고 싶은 마음이 들었다. 그래서 자신의 신조인 까마귀를 보내어 근처 샘에서 물을 떠오게 했다. 간단한 심부름이었지만, 까마귀는 열매가 주렁주렁 달린 무화과나무에 정신이 팔려 금방 돌아가지 못했다. 무화과가 아직 설익어서 기다렸다가 며칠 후 잘 영근 무화과로 배를 채운 까마귀는 텅 빈 컵을 부리에 물고 물뱀 한 마리를 발톱으로 쥔 채 아폴론에게 돌아갔다. 그러곤 이 뱀 때문에 샘에 다가갈 수 없었다고 거짓을 고했다. 이미 진실을 알고 있던 아폴론은 노하여 까마귀의 흰 깃털을 검게 만들어버리고, 신을 거역하는 자들에게 경고하는 의미로 까마귀와 뱀과 컵을 하늘에 별 그림으로 새겨 넣었다. 까마귀는 컵과 가까이 있지만, 뱀이 이 하늘의 컵을 삼엄히 감시하고 있어 영원히 물을 마실 수 없다.

컵자리와 관련하여 가끔 거론되는 또 다른 이야기의 주인공은 실수로 헤라클레스의 독화살에 치명상을 입은 친절하고 독실한 켄타우루스 폴로스다. 이 이야기에 따르면, 신들은 폴로스를 기려 켄타우루스자리로 만들었고, 그의 크라테르 역시 하늘로 올려졌다. 언제나 손님을 환대하는 폴로스가 헤라클레스에게 자신의 특별한 포도주를 대접하자, 주변 켄타우루스들이 이 포도주를 탐내어 훔치려

했다. 켄타우루스들은 포도주를 좋아하여 폭음한 뒤 난동을 부리는 것으로 악명 높았다. 헤라클레스는 그들을 내쫓았지만, 폴로스는 헤라클레스의 화살을 건드리다가 발에 떨어뜨려 비명횡사하고 말았다.

밤하늘에 컵이 등장하게 된 연유를 설명하는 또 다른 이야기는 트로이 근처의 도시 엘라이우사의 왕과 관련되어 있다. 엘라이우사에 갑자기 역병이 돌아 많은 백성이 죽었다. 근심에 싸인 데모폰 왕은 아폴론의 신탁소로 사절을 보내어 이 죽음의 행렬을 멈출 방도를 알아오게 했다. 신이 내린 응답은, 역병을 물리치려면 해마다 귀족 가문의 딸을 제물로 바쳐야 한다는 것이었다. 엘라이우사에는 공주가 여럿 있었지만, 왕은 당연히 딸을 희생시키고 싶지 않았다. 그래서 신하들에게 제비뽑기로 희생자를 정하라고 명했다. 제비에 자기 딸들의 이름은 쏙 빠졌다는 사실은 숨긴 채였다.

한 귀족이 왕의 속임수를 알아채고 폭로했다. 그러자 왕은 해마다 치러지던 제비뽑기를 취소하고 그 귀족의 딸을 제물로 정했다. 한동안 귀족은 그저 운명을 받아들이는 척, 왕에게 아무런 앙심도 품지 않은 척했으나, 남몰래 복수를 계획하고 있었다. 마투시오스라는 이 남자는 축하연을 열어 왕실 가족을 초대하면서 공주들이 먼저 도착해야 한다고 일렀다. 왕의 딸들은 마투시오스의 집에서 기습당해 죽었고, 마투시오스는 의식용 크라테르에 그들의 피와 물을 섞었다. 왕은 포도주처럼 보이는 것을 한 잔 마신 뒤 공주들이 어디에 있느냐고 물었다. 대답을 듣고 충격과 비탄에 휩싸인 왕은 마투시오스를 붙잡아 크라테르와 함께 바다로 던져버렸다. 이 크라테르는 악행을 저지르는 인간들에게 보내는 경고의 메시지로 별들 사이에 자리 잡았다.

컵자리는 4월에 북위 65도-남위 90도에서 가장 잘 관측된다.

✷ 까마귀자리, 켄타우루스자리, 헤라클레스자리

큰개자리
Canis Major

그러나 이카리오스의 딸 에리고네가 돌아오지 않는 아버지를 걱정하여 찾아 나서자
이카리오스의 충직한 개 마이라가 다가오더니
주인의 죽음을 애도하듯 청승맞게 짖어댔다.

히기누스, 『시적 천문학』 제2권 4장 4절

주요인물

디오니소스 포도주와 포도주 양조의 신

라일라프스 사냥감을 절대 놓치지 않는 신기한 능력을 가진 사냥개

마이라 농부 이카리오스의 충견

메두사 뱀 머리카락을 가진 고르곤

미노스 크레타 섬의 왕, 에우로페의 아들

아르테미스 사냥의 여신, 야생 동물의 수호신

아우라 미풍의 여신

에리고네 이카리오스의 효성 지극한 딸

에오스 새벽의 여신

에우로페 제우스에게 납치당하는 페니키아 공주

오리온 전설적인 사냥꾼

이카리오스 아테네의 독실한 농부

제우스 신들의 왕

케팔로스 에오스에게 사랑받고 프로크리스와 결혼하는 사냥꾼

페르세우스 메두사를 퇴치하는 영웅

프로크리스 미노스에게 사랑받고 케팔로스와 결혼하는 아테네 공주

헤라 신들의 여왕

그리스 로마 신화에는 큰개자리와 연관된 개들이 여럿 등장하는데, 그중 하나가 독실하고 관대한 농부 이카리오스의 충견 마이라다. 마이라는 동반자인 이카리오스와 에리고네 부녀와 함께 모범적인 생을 살고 비극적인 죽음을 맞았다. 이카리오스와 에리고네는 근동에서 그리스로 건너온 디오니소스를 반갑게 맞은 몇 안 되는 사람에 속해 있었다. 디오니소스를 호불호가 갈리는 위협적인 신으로 보는 시선도 있었다. 디오니소스는 여성적이고 이국적이며, 변신에 능하고, (늙은이와 젊은이, 자유민과 노예, 남성과 여성, 심지어 인간과 짐승 간의) 사회적 장벽을 허물어 버린 신이었기 때문이다. 디오니소스를 기꺼이 받아들인 이들은 그 신이 그리스로 건너오면서 선물로 가져온 포도주를 마시며 근심, 걱정과 시련을 잠시나마 내려놓을 수 있었다. 독실한 믿음이 가상하다 하여 포도주 담그는 법을 전수받은 이카리오스는 욕심이라곤 없는 인물이었으므로 포도주를 이웃들에게도 나누어 주려 달구지에 가득 싣고 출발했다. 제일 처음 마주친 양치기들은 앞다투어 이카리오스의 술을 시음했다. 그러다 지나치게 마셔버리는 바람에 정신이 흐리멍덩해지고 급기야 피해망상에 사로잡혀 갑자기 이카리오스가 위협적으로 느껴지기 시작했다. "분명 술에 독을 탄 거야!" 그래서 그들은 한밤중에 이 가여운 농부를 기습하여 몽둥이로 때려 죽였다.

한편 아버지가 돌아오기를 초조하게 기다리던 에리고네는 시간이 갈수록 점점 더 속이 타들어 갔다. 기다리다 못해 사랑하는 아버지를 찾으러 나가기로 마음먹었을 때 아버지의 충견 마이라가 구슬프게 울부짖으며 나타났다. 마이라는 에리고네를 아버지의 주검으로 이끌었다. 절망한 에리고네는 슬픔을 가누지 못해 근처의 나무에 목매어 자살했고, 끝까지 신의를 잃지 않은 마이라는 비통해하며 우물 속으로 뛰어들어 죽었다. 그들의 천성적인 선량함을 기특히 여긴 신들이 셋 모두를 하늘로 올려 별자리로 만들었으니, 이카리오스는 목동자리, 에리고네는 처녀자리, 마이라는 큰개자리가 되었다.

큰개자리와 연관된 또 다른 개는 위대한 사냥꾼 오리온의 애견인데, 큰개자리가 오리온자리와 가까이 자리하고 있는 점을 감안하면 신화적인 논리에 딱 들어맞는다. 오리온과 함께 사냥을 다녔으며 내세에도 별자리로 함께하고 있다는 사실을 제외하면 이 개에 얽힌 이야기는 그리 많지 않다. 오리온의 사냥 실력은 이 영웅에게 명성을 가져다주는 동시에 파멸의 원인이 되기도 했다. 자신감이 지나치다 못해 오리온은 크레타 섬의 짐승을 모조리 사냥해 죽일 수 있노라 큰소리치고 다녔다. 이 호언장담에 신들, 특히 오리온을 소중한 벗으로 여겼던 아르테미스는 깜짝 놀랐다. 그래서 아르테미스나 대지의 여신 가이아 혹은 둘이 함께 거대한 전갈을 보내어 오리온을 죽였고, 전갈이 임무를 완수하자 제우스는 그 공로를 인정하고 주제넘은 인간들에게 경고하는 의미로 전갈을 하늘로 올려 별자리(전갈자리)로 만들었다. 오리온도 충견과 함께 하늘로 올려졌다. 이는 그의 영웅적인 위업을 기리려는 아르테미스의 뜻이었다.

큰개자리의 아주 강력한 후보가 또 한 마리 있으니, 바로 실패를 모르는 사냥견 라일라프스다. 그 개는 아주 정교하게 다듬어진 사냥 본능으로 어떤 사냥감이든 놓치는 법이 없었다. 라일라프스는 제우스가 페니키아의 공주 에우로페에게 붙여준 경비견이었다. 제우스가 에우로페에게 반해 그녀를 납치한 이야기는 워낙 유명하다. 제우스는 아름답고 유순한 흰 소로 변신하여 에우로페에게 접근했다. 이 짐승에게 매료된 에우로페가 아무 의심 없이 그 등에 올라타자마자 흰 소(로 변신한 제우스)는 바다로 뛰어들어 그녀를 업은 채 크레타 섬까지 헤엄쳐 갔다. 제우스가 에우로페를 납치한 사건은 하늘에 황소자리로 새겨져 있다.

에우로페가 낳은 제우스의 자식 미노스는 크레타의 가장 강력한 왕이 되었으며 어머니의 개를 물려받았다. 후에 미노스는 그의 원인 모를 병을 치료해준 아테네의 공주 프로크리스에게 이 귀한 개를 선물했다. 몇몇 전승에서는, 미노스가 프로크리스와 사랑에 빠져 라일라프스와 창 한 자루로 그녀의 애정을 얻으려 했다고도 한다. 그러나 프로크리스는 케팔로스라는 청년을 사랑해 그와 결혼했다. 부부는 서로에게 더없이 충실했지만, 행복한 결말을 맞지는 못했다. 프로크리스는 사냥을 좋아하는 케팔로스에게 사냥에 쓰라며 라일라프스와 창을 주었다. 어느 날 사냥을 나간 케팔로스는 새벽의 여신 에오스의 눈에 들어 납치당한 뒤 그녀와의 사이에 아들을 두었다. 시간이 흘러 에오스는 케팔로스를 프로크리스에게 돌려보냈지만, 당연히도 프로크리스는 남편이 집을 나설 때마다 불안해졌다. '혹시 다른 애인을 만나러 가는 건 아닐까?' 이런 의심을 확인해 주는듯한 소문이 돌았다. 케팔로스가 아우라라는 여자한테 소곤거리는 소리가 들렸다는 것이었다. 그래서 어느 날 숲속으로 남편을 따라 들어간 프로크리스는 케팔로스가 더위를 피해 쉬면서 시원한 미풍 아우라를 부르며 땀을 식혀 달라고 말하는 모습을 목격했다. 아우라는 그리스어와 라틴어로 미풍이라는 뜻이다. 프로크리스는 자신이 오해했음을 깨닫고 최대한 조용히 자리를 뜨려 했다. 그러나 충분히 조용하지 못했다. 그녀가 움직이면서 덤불이 바스락거리자 케팔로스는 사슴으로 오인하고 창을 던져 그녀를 죽였다.

불운한 케팔로스는 훗날 라일라프스를 암피트리온에게 빌려 주었다. 암피트리온은 뱀 머리카락을 가진 고르곤 메두사의 머리를 베어낸 위대한 영웅 페르세우스의 아들이었다. 암피트리온은 헤라가 테베의 전원 지대를 파괴하기 위해 보낸 여우를 사냥하러 떠나던 참이었다. 헤라에게 능력을 부여받은 이 여우는 절대 붙잡히지 않았고, 라일라프스는 사냥감을 절대 놓치지 않았기 때문에 이 둘의 추격전은 영원히 끝나지 않을 운명이었다. 결국엔 제우스가 끼어들어 두 짐승을 돌로 만들었다. 이 전설적인 경주는 밤하늘의 별들 속에 담겨, 라일라프스는 큰개자리, 여우는 작은개자리가 되었다.

눈에 확 띄는 별자리인 큰개자리에는, 별들 가운데 가장 밝을 뿐만 아니라 고대 그리스 로마 문화에서 남다른 의미를 지녔던 시리우스(라틴어로는 작은 개라는 의미의 '카니쿨라Canicula'라고 불린다)가 포함되어 있다. 늦여름 밤하늘에 아주 밝은 이 별이 나타나면, 그리스 로마와 지중해 세계에 폭염이 시작되어 인간과 가축이 위험에 처하리라는 신호가 되었다.

큰개자리는 오리온자리와 작은개자리 가까이에 있고, 그래서 마치 두 마리의 개(큰개자리와 작은개자리)가 오리온을 졸졸 따라 밤하늘을 건너는 것처럼 보인다.

큰개자리는 1월에서 2월 사이, 북위 56도-남위 90도에서 가장 잘 관측된다.
✷ 목동자리, 오리온자리, 작은개자리, 처녀자리, 페르세우스자리, 황소자리

남반구 3사분면

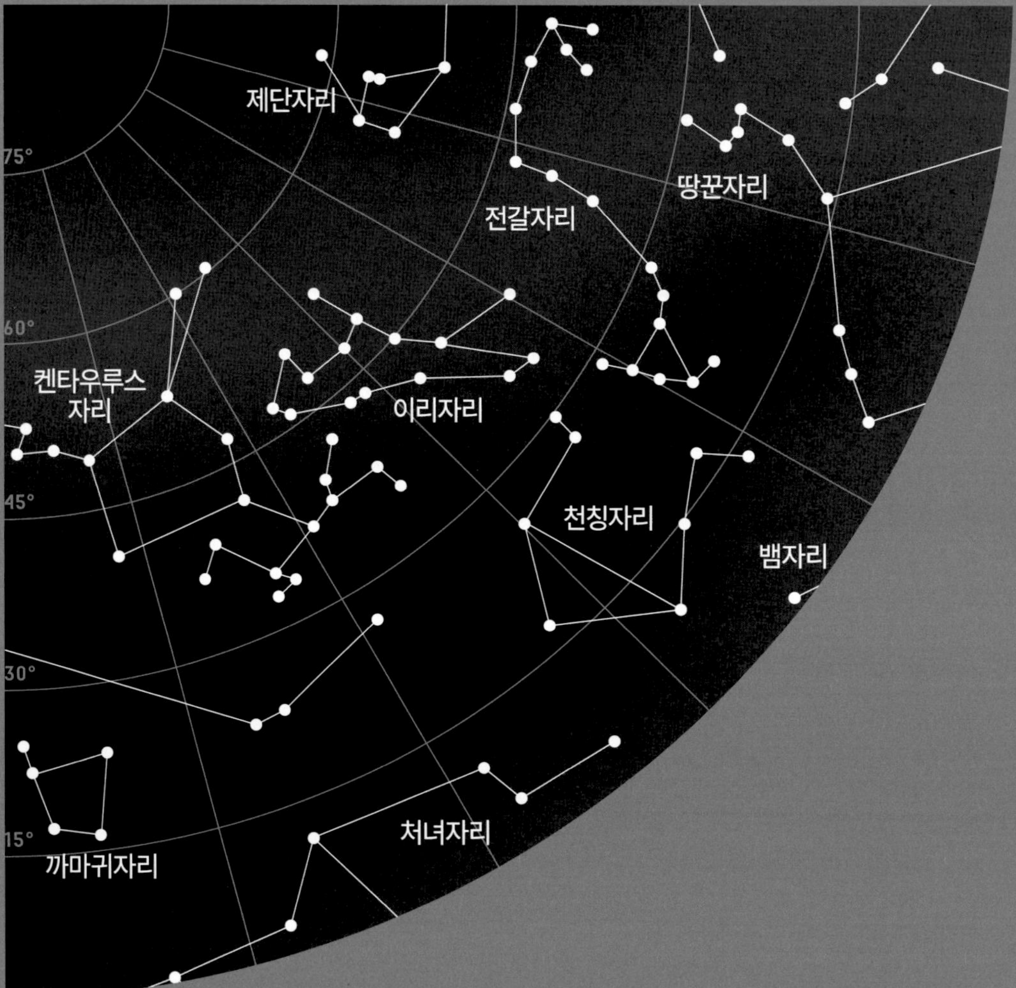

까마귀자리 * 땅꾼자리 * 뱀자리 * 이리자리

전갈자리 * 제단자리 * 처녀자리 * 천칭자리 * 켄타우루스자리

까마귀자리

Corvus

✷

상심한 아폴론은 화염 속으로 뛰어들어 아이를 어머니의 주검에서 빼낸 뒤
유명한 반인반수 케이론의 동굴로 데려갔다.
그러고는 까마귀를 불렀다. 어리석은 까마귀는 진실을 밝힌 대가를 기대했으나,
신은 그것의 새하얀 깃털을 새까맣게 태워버렸다.

오비디우스, 『변신 이야기』 제2권 628-632행

주요인물

아스클레피오스 아폴론의 아들, 의술의 신

아폴론 예언과 의학의 신, 아스클레피오스의 아버지

이스키스 코로니스의 인간 연인

제우스 신들의 왕

케이론 고결하고 교양 있는 켄타우루스

코로니스 아폴론의 아이 아스클레피오스를 잉태한 여인

히드라 머리 여럿 달린 물뱀, 헤라클레스에게 퇴치되는 괴물

까마귀자리는 의학·예언·음악·궁술의 신 아폴론이 등장하는 두 개의 신화와 연관되어 있다. 첫 신화의 주인공은 그리스 북동부 라리사 지역의 공주로 절세미인이었던 코로니스다. 코로니스의 연인이 된 아폴론은 그녀가 혹여 다른 이의 품에 안길까 걱정되어, 자신이 자리를 비운 사이 까마귀를 감시자로 붙였다. 그러나 코로니스는 이스키스라는 잘생긴 청년에게 한눈을 팔아버렸다. 까마귀가 코로니스의 부정을 고하자 질투에 눈이 먼 아폴론은 코로니스에게 화살을 날렸다. 코로니스는 아폴론의 품에 안겨 죽어 가면서, 그의 아들을 잉태했음을 밝혔다. 코로니스를 구하기엔 너무 늦어버렸고 아폴론은 그녀를 죽인 것을 뼈저리게 후회했다. 그러나 장례용 장작더미에 불이 붙었을 때 재빨리 코로니스의 몸에서 아들을 끄집어내 구했다.

까마귀는 명령을 따랐을 뿐 어떤 죄도 범하지 않았지만, 비통함과 분노에 휩싸인 아폴론은 까마귀의 흰 깃털을 새까맣게 만들어버렸다. 이렇게 까마귀는 흉조가 되었다. 재미있는 점은, 까마귀자리가 기리는 대상이 까마귀가 아니라 코로니스라는 것이다. 공교롭게도 코로니스라는 이름은 그리스어로 '까마귀'를 의미하며, 까마귀가 관여하긴 했지만, 코로니스의 파멸은 어디까지나 자업자득이었다. 그녀의 아들은 자라서 유명한 의사이자 의술의 신인 아스클레피오스가 되고, 그 역시 별자리(땅꾼자리)가 되는 영광을 누렸다. 아스클레피오스에게 의술을 가르친 고결한 켄타우루스 케이론도 밤하늘로 올려져 켄타우루스자리라는 별자리가 되었다.

덜 알려지긴 했지만 까마귀자리의 기원을 설명하는 또 다른 신화가 있는데, 까마귀자리가 바다뱀자리와 컵자리에 가까운 데서 착안되었다. 이 이야기에 따르면, 아폴론은 제우스를 위한 연회를 열기 전에 깨끗한 물을 제물로 바치고 싶어서 자신의 신조인 까마귀를 보내어 샘물을 떠 오게 했다. 까마귀가 샘 근처를 지나던 중 무화과나무 숲이 있었는데 열매가 아직 익지 않은 상태였다. 까마귀는 무화과가 영글면 한 끼 맛있게 먹으려고 나뭇가지에 앉아 기다렸다. 며칠이 지나 무화과가 익자 배를 채운 까마귀는 물로 가득 찬 컵이 아니라 물뱀 한 마리를 발톱에 쥐고 돌아갔다. 한편 아폴론은 까마귀를 기다리지 않고 덜 순수한 다른 물을 제의에 사용한 터였다. 늑장을 부린 것도 모자라 뱀이 막아서 샘에 다가가지 못했다고 거짓말까지 늘어놓는 까마귀에게 짜증이 난 아폴론은 무화과가 여무는 동안은 항상 갈증에 시달리는 벌을 내렸다. 아폴론은 예언의 신이기에 까마귀의 거짓말을 이미 눈치채고 있었다. 아폴론은 신들의 뜻에 거역하는 자들에게 경고하는 의미로 까마귀를 하늘에 별자리로 새기고 그 밑에 물컵(컵자리)을 두었다. 하지만 까마귀에게 꼬리를 쪼이고 있는 물뱀(바다뱀자리)이 컵을 감시하고 있어 물을 마시기가 쉽지 않다.

까마귀자리는 4월부터 5월까지 북위 65도-남위 90도에서 가장 잘 관측된다.

✷ 땅꾼자리, 바다뱀자리, 컵자리

땅꾼자리*
Ophiuchus

✷

온 세계가 고요히 깊은 잠에 빠져 있을 때,
할아버지의 불벼락에 맞은 젊은이가 뱀에 감긴 두 팔을 쭉 뻗은 채
지평선 위로 솟아오른다.

오비디우스, 『로마의 축제들』 제6권 734-736행

주요인물

라오콘 트로이의 목마가 속임수임을 눈치챈 트로이의 사제

아드메토스 전설상의 테살리아 왕

아스클레피오스 아폴론의 아들, 의술의 신

아폴론 의학·음악·궁술의 신

제우스 그리스 신들의 왕

케이론 고결하고 온화한 켄타우루스

코로니스 아스클레피오스의 어머니

키클로페스 제우스에게 벼락을 만들어준 외눈박이 거인들

* 뱀주인자리라고도 한다.

땅꾼자리Ophiuchus는 그리스어로 뱀ophis을 들고 있는 자ochos라는 뜻으로, 의술을 관장하는 그리스 신이자 의사들의 수호신인 아스클레피오스와 동일시된다. 그의 대표적인 상징물인 뱀에 감긴 지팡이는 오늘날에도 의료의 상징으로 쓰이고 있어 친숙하다.

아스클레피오스가 처음부터 신이었던 것은 아니다. 펠로폰네소스 반도에 있는 오르코메노스라는 도시의 공주 코로니스와 아폴론 사이에 태어난 반신半神으로 필멸의 존재였다. 그의 출생에 관해서는 다양한 이야기가 전해지지만, 코로니스가 부정을 저지르고 이를 질투한 아폴론의 손에 죽었다는 기록이 다수 발견된다. 코로니스의 배신을 알게 된 아폴론은 분노를 못 이겨 그녀에게 화살을 날렸지만, 그녀는 임신한 상태였고 더군다나 아이의 아버지는 아폴론 자신이었다. 이 사실을 알자마자 아폴론은 코로니스가 장작더미 불길에 휩싸이기 직전 그녀의 배에서 아기를 급하게 꺼냈다. 아기 아스클레피오스는 훗날 별자리(켄타우루스자리)가 되는 고결하고 박식한 켄타우루스 케이론의 동굴로 보내졌다. 아스클레피오스는 케이론에게 의술을 배워 병 고치는 일을 천직으로 삼게 되었다. 그 실력이 너무 뛰어나다 보니 단순한 치료에 만족하지 못하고 죽은 자를 되살리는 일로까지 눈을 돌려 결국엔 그 목표를 이루어 냈다. 아스클레피오스 때문에 필멸의 인간이 불멸의 존재가 되고 인간과 신의 구분이 무의미해지자 제우스는 이를 저지하기 위해 벼락을 날려서 아스클레피오스의 숨을 끊어 놓았다.

아스클레피오스의 죽음에 격분한 아버지 아폴론은 제우스의 벼락을 만든 외눈박이 키클로페스를 죽여 복수했다. 이때 아폴론이 무기로 쓴 활과 화살은 화살자리라는 별자리가 되었다. 아폴론은 제우스에게 벌을 받아, 일 년 동안 테살리아의 아드메토스 왕을 섬기며 종살이를 했다. 제우스는 결국 아스클레피오스의 교만을 용서하고 그를 신으로 승격하여 하늘로 올려 보냈다. 어쨌든 아스클레피오스는 신의 아들일 뿐만 아니라 제우스 자신의 손자였으니 말이다. 아스클레피오스의 두 손에 꽉 붙잡힌 채 버둥대고 있는 뱀은 뱀자리다. 아스클레피오스의 어머니 역시 까마귀자리라는 별자리로 기억되고 있다.

가끔 땅꾼자리의 주인공으로 거론되는 신화 속 인물들 중에는 트로이의 몰락에 중요하고도 비극적인 역할을 한 라오콘도 있다. 트로이의 사제인 라오콘은 그리스군이 남기고 간 선물(많은 전사들이 숨어 있는 트로이의 목마)을 조심하라고 트로이인들에게 경고했다. 라오콘이 경고의 말을 뱉자마자 바다에서 뱀들이 나타나 라오콘과 그의 아들들을 목 졸라 죽였다. 트로이인들은 라오콘이 불경한 거짓말을 한 탓에 이런 참사가 생겼다고 오해했다. 그들의 착각이었다. 곧 드러나겠지만, 트로이의 목마는 고전 신화에서 가장 유명하고도 치명적인 덫이었다. 트로이인들은 아무 의심 없이 목마를 성벽 안으로 들였고, 한밤중에 목마의 배에서 나온 그리스 전사들은 도시를 불태우고, 노예로 삼을 여자들과 아이들을 붙잡고, 성인 남자들을 눈에 띄는 족족 죽였다.

땅꾼자리를 라오콘으로 본다면, 하늘에서 그와 싸우고 있는 뱀은 그를 죽인 뱀에 해당한다. 반면 아스클레피오스의 뱀은 약초에 대한 가르침을 준 존재였다. 사실 아스클레피오스가 죽은 자를 되살리는 법을 깨우친 것도 뱀 덕분이었다.

땅꾼자리는 천구의 적도에 걸친 커다란 별자리로, 다리와 몸통은 남반구 3사분면에 자리하고 머리와 어깨는 북반구 3·4사분면으로까지 뻗어 있다.

땅꾼자리는 6월부터 7월까지 북위 59도–남위 75도에서 가장 잘 관측된다.
✷ 까마귀자리, 뱀자리, 켄타우루스자리, 화살자리

뱀자리

Serpens

✷

아스클레피오스가 어린 글라우코스를 되살리라는 명을 받고
주검과 함께 감금되었을 때 뱀 한 마리가 다가와
아스클레피오스의 지팡이를 휘감고 올라갔다.
아스클레피오스는 화들짝 놀라 지팡이로 때리고 또 때려 뱀을 죽였다.
그때 다른 뱀 한 마리가 입에 약초를 물고 나타나더니
죽은 형제의 머리에 그 약초를 올려놓았다.
그러자 기적이라도 일어난 듯 뱀 두 마리가 스르르 동굴에서 기어 나갔다.

히기누스, 『시적 천문학』 제2권 14장 7절

주요인물

글라우코스 크레타 섬의 왕 미노스의 어린 아들

미노스 크레타 섬을 다스렸다는 전설상의 왕, 파시파에의 남편

미노타우로스 파시파에의 아들, 반인반우의 괴물

아스클레피오스 아폴론의 아들, 의술을 관장하는 그리스의 신

뱀자리의 주인공 가장 흔히 거론되는 존재는, 의술의 신 아스클레피오스의 지팡이를 휘감고 있는 뱀이다. 아스클레피오스는 아직 신의 반열에 오르지 못한 필멸의 존재였을 때 명의가 되었다. 그저 병자를 고치기만 하는 데 만족하지 못한 그는 죽은 자를 되살리는 것을 목표로 삼았다. 그러던 어느 날, 신화에서 미노타우로스(황소자리와 연관된 반인반우의 괴물)의 양부로 가장 잘 알려진 전설상의 크레타 왕 미노스에게서 그의 어린 아들 글라우코스를 되살리라는 명이 떨어졌다.

글라우코스는 쥐 한 마리를 쫓다가 실수로 커다란 꿀항아리에 빠져 때아닌 죽음을 맞았다. 상심한 아버지는 명의 아스클레피오스를 불러 아들을 되살리라 명하면서, 아스클레피오스가 전력을 다하도록 글라우코스의 시신과 함께 동굴에 가두어 버렸다. 글라우코스가 되살아나야지만 풀어주겠다면서 말이다.

아스클레피오스가 앉아서 방법을 고심하고 있을 때 뱀 한 마리가 그의 지팡이를 타고 스르르 기어 올라왔다. 깜짝 놀란 아스클레피오스는 지팡이로 뱀을 쳐서 죽였다. 그러자 또 한 마리의 뱀이 입에 약초를 물고 나타나 죽은 뱀으로 다가가더니 약초를 그 머리 위에 살며시 놓았다. 그러자마자 죽었던 뱀이 살아나고 뱀 두 마리는 올 때 그랬듯 소리 없이 신비롭게 떠났다. 목격한 광경에 놀란 아스클레피오스가 그 약초를 글라우코스에게 갖다 대자, 죽었다가 살아난 뱀처럼 아이는 눈을 떴고 숨이 돌아왔다.

뱀과 마찬가지로 아스클레피오스도 별자리가 되었다. 하늘에서 아스클레피오스는 쭉 뻗은 두 팔로 뱀을 꽉 쥐고 있다. 특이하게도 뱀자리는 뱀 머리**Serpens Caput**와 뱀 꼬리**Serpens Cauda**라는 두 부분으로 나뉘어 있다. 아스클레피오스는 오른손으로 뱀의 머리를, 왼손으로 꼬리를 잡고 있다. 뱀자리의 두 부분은 모두 남반구 3사분면 너머까지 뻗어 있다. 뱀의 머리는 북반구 3사분면으로, 꼬리는 남반구 4사분면을 지나 북반구 4사분면으로 이어진다.

뱀자리는 6월부터 8월까지 북위 74도–남위 64도에서 가장 잘 관측된다.
✷ 땅꾼자리, 황소자리

이리자리

Lupus

케이론을 가엾이 여긴 제우스는 그가 제단에 공물로 바치고 있는 짐승과 함께 그를 별자리로 만들었다.

히기누스, 『시적 천문학』 제2권 38장 2절

주요인물

누미토르 알바 롱가의 적법한 왕

레무스 로물루스의 쌍둥이 형제

레아 실비아 누미토르의 딸, 로물로스와 레무스의 어머니

로물루스 레무스의 쌍둥이 형제, 전설상의 로마 건국자

리카온 아르카디아의 사악한 왕

마르스 로마의 군신

베스타 화로를 관장하는 로마 여신

아르카스 칼리스토와 제우스의 아들

아물리우스 알바 롱가의 비합법적 왕

제우스 신들의 왕, 로물루스·레무스 형제와 아르카스의 아버지

칼리스토 제우스가 탐하고 헤라가 곰으로 만들어 버리는 여인

헤르메스 전령의 신

흥미롭게도 이리자리의 정체성은 서서히 자리 잡았다. 그리스인들과 로마인들은 이 별자리에 특정 동물의 이름을 붙이지 않고 대개 그냥 '짐승'이라 불렀다. 그 동물은 켄타우루스자리 근처의 제단(제단자리)에 바쳐질 제물로 여겨졌다. 프톨레마이오스가 48개의 별자리를 수록한 『알마게스트』가 중세에 아랍어에서 라틴어로 번역된 후에야 이리자리라는 이름이 정해졌다. 사정이 이러하다 보니 이 별자리와 연관된 특정한 이야기는 없다.

그렇지만 이리가 등장하는 고전 신화가 여럿 있어서 점차 이리자리와 연결되었다. 그리스의 이리 이야기 중에는 펠로폰네소스 반도 중부의 산악 지대 아르카디아를 다스렸다고 전해지는 리카온의 이야기가 가장 유명하다. 리카온은 이리로 변했는데, 그의 야만적인 본성에 가장 잘 어울리는 짐승이라는 제우스의 판단 때문이었다. 이 판단은 제우스가 몸소 겪은 일에 근거했다. 인간들이 서로를 존중하지 않고 신을 경시하며 행실이 점점 더 나빠지고 있다는 소식에 제우스와 헤르메스는 인간들을 시험해 보기로 했다. 그들은 유달리 악명이 높은 리카온을 찾아갔다. 리카온은 다른 모습으로 둔갑한 제우스가 자신의 정체를 밝혔을 때 믿지 않았다. 그래서 제우스가 과연 진짜 신인지 시험할 심산으로, 자기 손자 아르카스를 토막 내어 끓여서 식탁에 내놓았다. 물론 제우스는 음식을 맛보지 않고도 재료를 알아챘다. 아르카스는 곧장 되살아났고 최후에는 작은곰자리라는 별자리가 되어, 별자리(큰곰자리)가 된 어머니 칼리스토 곁에 자리했다. 반면 리카온은 이리가 되어 숲속으로 달아났다.

또 다른 유명한 이리로는, 고대 로마에서 가장 유명한 쌍둥이 형제인 로물루스와 레무스를 구한 이리가 있다. 로물루스와 레무스는 전쟁의 신 마르스[아레스]와 이탈리아 도시 알바 롱가의 공주인 레아 실비아의 아들로 태어났다. 당시 레아 실비아의 숙부인 아물리우스가 적법한 왕 누미토르에게서 왕위를 찬탈하여 알바 롱가를 다스리고 있었다. 왕위를 위협하는 화근을 미리 없애기 위해 아물리우스는 레아 실비아의 형제들을 죽인 뒤 그녀를 화로의 여신 베스타의 무녀로 만들었다. 베스타를 섬기는 무녀들Vestal Virgins은 처녀성을 지켜야 했고, 이 의무를 어기면 생매장이라는 섬뜩한 벌을 받았다. 순결 서약을 깼을 때 치러야 하는 대가를 생각하면 레아 실비아가 임신했다는 사실도 놀라운데, 아기의 아버지가 마르스라는 그녀의 주장은 더더욱 놀라웠다. 손에 또 피를 묻히기가 꺼림칙한 데다 더욱

이 신이 연루된 일이었기에 아물리우스는 레아 실비아를 감금하고는 갓 태어난 쌍둥이 아들들을 바구니에 넣어 티베르 강으로 띄워 보내라는 명을 내렸다. 그러면 자연의 이치에 따라 쌍둥이가 피를 흘리지 않고 죽으리라 믿었다. 그러나 바구니가 티베르 강변으로 떠내려왔을 때 암컷 이리 한 마리가 그 속에 든 쌍둥이를 발견하고 동굴로 데려가서 젖을 먹였다. 시간이 흘러 로물루스와 레무스는 아물리우스의 양치기들 중 한 명에게 입양되었고, 성인이 된 후에는 아물리우스를 죽이고 할아버지 누미토르에게 왕좌를 되찾아 주었다.

그런 다음 로물루스와 레무스는 새로운 도시를 건설하기로 했다. 형제를 죽이고 초대 왕이 된 로물루스의 이름을 딴 도시, 로마가 이렇게 탄생했다.

이리자리는 5월부터 6월까지 북위 34도-남위 90도에서 가장 잘 관측된다.
✷ 작은곰자리, 제단자리, 켄타우루스자리, 큰곰자리

전갈자리

Scorpius

그때 여신이 또 다른 짐승을 깨우니,
섬의 구릉을 가르고 나온 전갈이 힘센 오리온보다 더 강력하여 그를 상처 입혀 죽였다.
오리온이 아르테미스를 분노케 하여 벌어진 일이었다.
전갈이 동쪽 하늘에 떠오르면
오리온이 서쪽 끝으로 달아나는 이유도 이 때문이라고 전해진다.

아라토스, 『하늘의 현상*Phaenomena*』 641-646행

주요인물

가이아 대지의 여신

아르테미스 사냥의 여신, 야생 동물의 수호신

오리온 고전 신화 최고의 사냥꾼들 중 한 명

제우스 신들의 왕

전갈자리는 오리온의 이야기와 밀접하게 연결되어 있다. 위대한 사냥꾼 오리온이 세상의 생물이란 생물은 모조리 죽일 수 있다고 큰소리치고 다니자 정말 그렇게 될지 모른다는 걱정과 분노 속에 아르테미스가 행동에 나섰다. 한때 오리온과 함께 사냥을 다니며 정을 나누었던 아르테미스는 이젠 그의 천적이 되고 말았다. 아르테미스(혹은 대지의 여신 가이아)는 지하 깊은 곳에서 조력자를 불러냈다. 땅이 갈라지고 거대한 전갈 한 마리가 나타나더니 독침으로 오리온을 찔러 죽였다.

제우스는 전갈을 하늘로 올리고 별자리로 만들어 인간들에게 경고했다. "모든 생명은 귀하고 소중하거늘, 살아 있는 것을 함부로 죽이지 말지어다." 전갈의 단단한 집게발은 천칭자리라는 독자적인 이웃 별자리가 되었다(고 믿는 사람들이 고대에 일부 있었다). 아르테미스는 오리온이 생전에 여러 차례 용맹함을 보였으니 이를 기려 그도 하늘로 올려달라고 청했다. 제우스는 승낙하면서 한 가지 조건을 달았으니, 오리온이 영원토록 전갈에게 쫓겨야 한다는 것이었다. 그래서인지 전갈자리가 하늘에 뜨면 오리온자리는 지평선 아래로 저문다.

전갈자리는 6월부터 7월까지 북위 44도-남위 90도에서 가장 잘 관측된다. 황도 12궁 중 하나로, 11월 말에 태양이 이 별자리를 지나간다.

✷ 오리온자리, 천칭자리

제단자리

Ara

티탄족에 대적하기 위해 동맹을 맺은 신들이 이 제단에 처음으로 공물을 올렸다고 한다.
키클로페스가 지은 제단이었다.
이를 눈여겨본 인간들 사이에서도
새로운 일을 시작하기 전에 제사를 올리는 풍습이 생겼다.

히기누스, 『시적 천문학』 제2권 39장 1절

주요인물

가이아 대지의 여신
우라노스 하늘의 신, 가이아의 배우자
제우스 크로노스의 아들, 신들의 왕
케이론 고결하고 온화한 켄타우루스
크로노스 티탄족의 막내
키클로페스 외눈박이 거인들
티탄족 가이아와 우라노스 사이에 태어난 열두 남매
헤라클레스 열두 가지 과업으로 유명한 그리스 최고의 영웅
헤카톤케이레스 백 개의 손을 가진 괴물들

제단자리는 제우스와 그의 형제자매들이 동맹을 맺으면서 향을 피우고 신에게 바치는 술을 따른 제단이라 전해진다. 그들은 선대 신들인 티탄족과의 전쟁이라는 위험천만한 일을 공모했다. 제단 이야기는 다음과 같이 전개된다.

제우스가 일으킨 이 전쟁은 의미가 남다르기는 하지만 줄곧 있었던 신들의 세대 간 갈등이 되풀이된 사건일 뿐이다. 티탄족의 왕 크로노스는 그들 중 막내였는데, 아버지 우라노스에게 배짱 있게 맞선 유일한 자식이었기에 티탄족의 우두머리가 되었다. 우라노스의 배우자인 대지의 여신 가이아는 열두 명의 티탄뿐만 아니라 외눈박이 키클로페스 삼형제, 백 개의 손을 가진 헤카톤케이레스 삼형제 등의 괴물 여섯을 낳았다. 우라노스는 이 괴물들이 태어나자마자 역겨워하며 그들을 어미의 몸속으로 도로 밀어넣어버렸다. 고통에 몸부림치던 가이아가 다른 자식들에게 도움을 청하자, 오직 크로노스만이 어머니의 부름에 응했다. 크로노스는 아버지를 습격하고 스스로 신들의 제위에 올랐다.

시간이 흘러 크로노스는 티탄족 누이 레아를 아내로 맞았지만, 자식들 중 하나가 자기처럼 제 아버지를 왕위에서 끌어내릴 것이라는 예언을 들었다. 그런 일을 사전에 막기 위해 크로노스는 자식들이 태어나는 족족 집어삼켰다. 여섯째 아이가 태어날 때쯤엔 레아의 머릿속에 남편을 속일 계획이 이미 세워져 있었다. 레아는 갓 태어난 제우스 대신 돌멩이를 강보에 싸서 크로노스에게 건넸고, 크로노스는 속임수를 알아채지 못했다.

한편 아기 제우스는 크레타 섬으로 보내져 그곳에서 자랐고, 장성해서는 아버지에게 구토제를 먹여 형제자매들을 구했다. 제우스를 위시한 크로노스의 자식들은 아버지와 싸우기 위해 한데 뭉쳤고, 전쟁을 개시하기 전 키클로페스가 만든 특별한 제단에 공물을 바쳤다. 제우스가 제의를 올릴 때 향이 피어오르는 제단 위로 하늘에 독수리 한 마리가 나타나니, 티탄족에 대한 응징이 성공하리라는 길조로 여겨졌다. 티탄족과 올림포스 신들(제우스와 형제자매들) 간의 싸움은 올림포스 신들의 승리로 끝났다. 이내 제우스는 신들의 왕으로 등극했고, 그리스인들과 로마인들은 제우스를 본받아 새로운 일을 시작하기 전에 제사를 올렸다. 신들은 이 이야기에서 큰 존재감을 자랑하는 제단과 독수리(독수리자리)를 그 이름 그대로 별자리로 만들어 기념했다.

많은 별자리들이 그러하듯, 제단자리에도 다른 버전의 신화가 존재한다. 제우스는 여전히 등장하지만, 제단은 다른 제단이다. 제단자리는 은하수를 따라 자리하고 켄타우루스자리와 이리자리에 가까운데, 세 별자리의 이런 상대적 위치가 착안점이 되었다. 고결한 켄타우루스 폴로스가 헤라클레스의 화살에 비명횡사하자, 제우스는 신들을 지극히 공경하는 폴로스를 가엾이 여겨 하늘로 올렸다. 그러면서 폴로스의 경건한 삶을 기리고자 제단(제단자리)과 더불어 공양물로 삼을 이리(이리자리)나 다른 야생 짐승을 근처에 두었다.

제단자리는 6월부터 7월까지 북위 22도-남위 90도에서 가장 잘 관측된다.
✷ 독수리자리, 이리자리, 켄타우루스자리

✡

남반구
3사분면

처녀자리

Virgo

✷

인간들은 도적질과 약탈을 일삼았다.
손님은 집주인으로부터, 장인은 딸의 배우자로부터 안전하지 않았다.
형제들마저 화목하게 지내지 못하였다.
남편은 아내가 죽기를 고대하고, 아내는 남편의 죽음을 기원했다.
사악한 계모는 무시무시한 독약을 타고, 아들은 탐욕스레 아버지의 나이를 셌다.

오비디우스, 『변신 이야기』 제1권 144-150행

주요인물

데메테르 곡물과 수확을 관장하는 그리스 여신

디오니소스 초목과 포도주를 관장하는 민주적인 신

디케 자주 아스트라이아와 동일시되는 정의의 여신

아스트라이아 정의를 관장하는 그리스 여신

아스트라이오스 예언·항성·행성을 관장하는 그리스 신

에리고네 농부 이카리오스의 효성 지극한 딸

에오스 새벽을 관장하는 그리스 여신

이카리오스 디오니소스를 환대한 아테네 농부

제우스 그리스 신들의 왕

테미스 올바르고 도덕적인 품행으로 이끄는 그리스 여신

티케 행운과 불운을 관장하는 그리스 여신

포르투나 운명을 관장하는 로마 여신

커다란 별자리인 처녀자리의 주인공이 누구인가에 관해서는 고대 그리스 로마 작가들 사이에서도 의견이 분분했다. 여섯 명 이상의 젊은 여성들이 거론되었는데, 그중 정의의 여신 아스트라이아, 운명의 여신 티케, 이카리오스의 효성 지극한 딸이자 디오니소스의 열성 신자였던 에리고네, 그리고 곡물과 수확의 여신 데메테르가 가장 잘 알려져 있었다.

'별 아가씨'라는 뜻의 이름을 가진 아스트라이아는 정의의 여신인 디케로도 알려져 있었다(혹은 디케와 융합되었다). 그녀의 부모는 공동체에서의 품위 있고 예의 바른 행동을 의인화한 여신 테미스와 제우스라고도 하고, 새벽의 여신 에오스와 티탄족 아스트라이오스라고도 한다. '별의 남자'라는 뜻의 아스트라이오스는 예언과 항성과 행성을 관장하는 신이었지만, 인지도는 그리 높지 않았다.

아스트라이아는 지상을 떠나 하늘의 별이 된 사연으로 가장 유명하다. 옛날 옛적, 인간들이 아무 욕심 없이 대지의 풍요를 누리며 평화롭고 화목하게 살아가던 황금의 시대에 아스트라이아를 비롯한 신들은 인간들과 거리낌 없이 어울렸다. 그 뒤를 이은 은의 시대에 인간은 이기적이고 난폭해져 신들을 무시했으며 수명이 짧아졌다. 청동의 시대에는 인간들의 다툼이 더 잦아졌다. 철의 시대에 인간의 극악함이 정점에 이르자 절망한 아스트라이아는 신들 가운데 마지막으로 지상을 버리고 하늘로 올라가 별자리가 되었다.

로마에서 포르투나로 알려진 티케에게는 독자적인 신화가 없으며, 그녀를 별자리의 기원으로 믿게 된 연유는 확실치 않다. 티케는 행운이나 불운, 부나 가난, 성공이나 실패를 가져다주는 변덕스러운 여신이었다.

에리고네는 그토록 충실하고 효심 깊은 젊은 여성에게 닥친 잔인한 운명을 제우스가 불쌍히 여겨 별자리가 되었다고 전해진다. 에리고네와 그녀의 아버지 이카리오스는 근동에서 그리스로 건너온 이국적이고 여성스러운 신 디오니소스를 반갑게 맞아 주었다. 디오니소스가 가져온 귀한 선물이 있었으니, 포도를 재배하고 수확하여 포도주를 만드는 방법이었다. 신은 이 모두를 이카리오스와 에리고네에게 전수했다. 이 지식이 인류에게 큰 도움이 되리라 생각한 이카리오스는 갓 만든 귀한 포도주를 이웃들과 나누려 달구지에 싣고 길을 나섰다. 후에 포도주는 고대 사회의 주요한 음료가 되었고, 사람들은 거기에 물을 타 마시면서 자유롭고 민주적인 신 디오니소스의 정수를 마시는 거라 여겼다.

이카리오스가 제일 처음 마주친 양치기들은 포도주를 실컷 마셨지만, 고마워하기는커녕 취해서 피해망상에 사로잡혔다. 급기야 이카리오스를 죽이고 시신을 꽉꽉 숨겨버렸다. 에리고네는 아버지가 늦게까지 돌아오지 않자 걱정되어 아버지의 행방을 찾아 나섰다. 역시 이카리오스를 찾고 있던 충견 마이라는 에리고네를 아버지의 주검으로 이끌었다. 에리고네는 슬픔을 가누지 못하고 근처의 나무에 목을 매달아 스스로 목숨을 끊었다. 인간 가족을 잃고 똑같이 절망한 개는 우물로 뛰어들어 죽었다. 신들은 이 셋의 이타심과 충실함을 그냥 넘기지 않았고, 제우스는 그들의 형상을 별들 사이에 두어 별자리로 만들었다. 그리하여 에리고네는 처녀자리, 이카리오스는 목동자리, 마이라는 작은개자리(어떤 전승에서는 시리우스 또는 큰개자리라고도 한다)가 되었다.

데메테르가 처녀자리의 처녀라는 믿음은 당혹스럽긴 하다. 데메테르는 젊은 처녀가 아닌 성숙한 여인으로 여겨졌기 때문이다. 고전 신화 및 종교에서 데메테르는, 하데스의 아내이자 지하세계의 시간제 왕비가 된 페르세포네의 어머니였다. 데메테르를 닮은 형상이 별들 사이에 등장하게 된 연유는 명확히 알 수 없다.

처녀자리는 아주 다양하게 묘사되는데, 연관된 신화 속 인물들의 특성을 반영하고 있어 재미있다. 처녀자리의 처녀는 고대 사람들이 상상한 아스트라이아와 티케처럼 대개 날개를 달고 있다. 그리고 오른손에 천칭자리의 저울을 들고 있거나 그쪽으로 손을 뻗고 있는 모습으로 묘사될 때도 있는데, 아스트라이아와 티케는 인간의 행운이나 수명 혹은 선악을 측정할 때 저울을 사용했다. 한편, 처녀자리의 처녀가 왼손에 들고 있는 밀은 곡물의 여신 데메테르의 상징물이다.

처녀자리는 4월부터 6월까지 북위 67도-남위 75도에서 가장 잘 관측된다. 황도 12궁 중 하나로, 9월 중순에서 10월 말 사이에 태양이 이 별자리를 지나간다. 처녀자리는 대부분 남반구 3사분면에 자리하고 있지만, 북반구로까지 이어진다. 머리는 북반구 2사분면에 있고, 머리칼은 북반구 3사분면으로 흩날리며, 오른쪽 다리의 일부와 한쪽 날개는 북반구 3사분면까지 뻗어 있다.

✷ 목동자리, 작은개자리, 천칭자리, 큰개자리

천칭자리*

Libra

전갈자리는 주요 부분들이 거대하니 두 부분으로 나뉜다.
그중 한 부분인 집게발을 일부 작가들은 천칭자리라는 다른 이름으로 불렀다.

히기누스, 『시적 천문학』 제2권 26장 1절

주요인물

가이아 대지의 여신, 오리온의 '어머니'

디케 정의의 여신

아르테미스 사냥의 여신, 야생 동물의 수호신

아스트라이아 정의의 여신

오리온 고전 신화 최고의 사냥꾼들 중 한 명

제우스 신들의 왕, 오리온의 아버지들 중 한 명

포세이돈 바다의 신, 오리온의 아버지들 중 한 명

헤르메스 전령의 신, 오리온의 아버지들 중 한 명

* 저울자리라고도 한다.

지금은 천칭자리라 불리는 별자리가 모든 그리스 로마 문헌에서 저울로 취급된 것은 아니다. 사실 이 별자리는 사냥꾼 오리온의 손에 죽은 전갈(전갈자리)의 집게발로 해석되었다. 가령, 2세기의 천문학자 프톨레마이오스가 그리스어로 작성한 고대 별자리 목록에도 'Chēlai(집게발)'로 표기되어 있다. 그러나 라틴어를 쓰는 로마 작가들은 천칭으로 보는 쪽이었는데, 이 별자리를 저울로 해석한 고대 바빌론의 천체 관측자들을 참고한 듯하다.

천칭자리와 상징적으로 연결되는 여신들 아스트라이아와 디케는 가끔 처녀자리의 주인공으로 거론되기도 했다. 둘은 서로 혼동되거나 융합되기 일쑤였다. 정의의 신인 그들은 사람들의 품행이 얼마나 바르고 윤리적이었는지를 정의의 저울로 측정했다.

아스트라이아와 디케는 평화롭고 조화로운 세계에서 번영하는 반면, 폭력이나 탐욕 같은 온갖 악은 그들의 천적이었다. 두 여신에 관해서는 동일한 신화가 전해진다. 오래전 인간들이 화목하게 지내던 황금의 시대가 있었다. 인간들이 남의 것을 탐하지 않고 대지의 자비를 누리는 데 만족했기에 법도 필요 없고 상거래도 없었다. 이 행복한 시절에는 신과 인간이 서로 자유로이 어울렸다. 그러나 이 시대는 영원하지 않았으니, 그 뒤로 은의 시대, 청동의 시대, 마지막엔 철의 시대가 이어졌고 가면 갈수록 세상은 점점 더 사악해졌다. 신들은 곧 인간과의 교류를 끊었지만, 정의의 여신 아스트라이아(혹은 디케)는 예외였다. 철의 시대가 도래하자 인간의 탐욕과 부패, 폭력성은 정점에 달했다. 결국 정의의 여신마저 체념하고 지상을 영원히 떠나 밤하늘로 올라가 버렸지만, 아래 세상의 인간들을 엄중히 지켜보는 시선까지 거두지는 않았다. 철의 시대는 오늘날의 우리가 여전히 살고 있는 시대이기도 하다.

전갈자리의 집게발로 본다면 이 별자리와 연관된 이야기는 아주 달라진다. 이 이야기의 주인공은 제우스·포세이돈·헤르메스의 아들인 오리온이다. 세 명의 신이 오리온의 아버지가 된 사연은 참으로 기묘하다. 그들이 동물 가죽에 오줌을 눈 다음 가죽을 땅에 묻자 거기서 태어난 거대한 몸집의 아기가 바로 오리온이었다. 훗날 장성한 오리온은 숱한 모험을 겪었는데, 그중에는 영웅다운 것도 있었지만 정반대인 것도 있었다. 어느 공주를 겁탈했다가 그 아버지에게 보복당해 잠시 눈이 멀어버린 적도 있었으니 말이다. 그러나 시력을 되찾고 나서는 크레타 섬에서 아르테미스와 어울려 행복한 나날을 보냈다. 그들은 함께 자연 속을 누비며 사냥을 했다. 오리온은 사냥 실력이 크게 늘자 자신감이 과도해진 나머지 섬의 모든 짐승을 처치할 수 있노라 큰소리를 떵떵 쳤다. 이에 깜짝 놀란 아르테미스와 대지의 여신 가이아는 거대한 전갈을 보내어 그를 쏘아 죽이게 했다. 제우스는 임무를 완수한 전갈을 별자리로 만들어 그 공로를 기리는 동시에 인간들에게 경고의 메시지를 보냈다. 그러나 전갈이 워낙 크다 보니 그 육중한 집게발은 별개의 별자리로 분리되었다. 한편 오리온 역시 용서받아 별들 사이에 자리 잡았지만, 그의 목숨을 앗아간 동물에게 영원히 쫓기는 신세가 되었다. 전갈과 그 집게발이 하늘에 떠오르면 오리온은 반대쪽으로 달아나 지평선 아래로 저문다.

이 별자리를 집게발로 보는 사람들은 전갈자리의 연장선이나 덧붙여진 부분으로 상상했다. 저울로서의 천칭자리는 자연스레 처녀자리와 짝을 이룬다.

천칭자리는 4월부터 6월까지 북위 60도-남위 90도에서 가장 잘 관측된다. 황도 12궁 중 하나로, 10월 말에서 11월 후반 사이에 태양이 이 별자리를 지나간다.

✷ 오리온자리, 전갈자리, 처녀자리

켄타우루스자리

Centaurus

✷

크로노스는 종마로 변신하여 오케아노스의 딸 필리라와 동침하였다.
필리라가 낳은 크로노스의 자식 켄타우루스 케이론이
최초로 의술을 발명했다 전해진다.

히기누스, 『이야기』 138장 1절 1행

주요인물

케이론 가장 온화하고 교양 있는 켄타우루스

네소스 헤라클레스의 아내를 겁탈하려 드는 난폭하고 잔인한 켄타우루스

네펠레 익시온과 정을 통하는 여성 형상의 구름

데이아네이라 헤라클레스의 아내

디오니소스 포도주를 관장하는 그리스 신

아킬레우스 트로이 전쟁에서 공훈을 세우는 그리스 영웅

이아손 아르고호를 타고 유명한 황금 양피를 찾아 떠나는 그리스 영웅

익시온 그리스의 전설적인 죄인, 네소스의 조상

제우스 그리스 신들의 왕

카스토르와 폴룩스 쌍둥이자리가 되는 쌍둥이 형제, 트로이의 헬레네의 오라비들

크로노스 고대의 티탄족, 케이론의 아버지

폴로스 헤라클레스의 화살에 비명횡사하는 온화한 켄타우루스

필리라 오케아노스의 딸, 켄타우루스 케이론의 어머니

헤라클레스 그리스 최고의 영웅

켄타우루스자리는 머리와 몸통은 인간, 하반신은 말인 켄타우루스족 가운데 한 명의 이름을 땄다. 정확히 어느 켄타우루스인지에 관해서는 고대에도 의견이 분분했다. 후보가 셋인데, 하나같이 그리스 로마 신화에서 강렬한 존재감을 자랑하는 케이론, 네소스, 폴로스가 그들이다. 이 중 유명세를 따지자면 케이론이 단연 으뜸이지만, 여기서는 셋 모두 이야기하려 한다.

대체로 켄타우루스족은 술을 좋아하고 특히 여성에게 폭력을 잘 휘두르기로 악명 높은 난폭한 종족이었다. 그러나 케이론은 달랐다. 점잖을 뿐만 아니라 높은 수준의 교양을 갖추고 있어서, 그리스의 유명한 영웅들이 어린 시절 그의 동굴에서 함께 지내며 가르침을 받을 정도였다. 트로이 전쟁에서 활약한 위대한 영웅 아킬레우스, 무시무시한 열두 가지 과업을 완수해 유명해진 헤라클레스, 명성 높은 쌍둥이 형제(쌍둥이자리) 카스토르와 폴룩스, 아주 특별한 황금 숫양(양자리)의 털가죽을 되찾으러 세상 끝까지 항해한 이아손 등이 케이론의 제자들이었다. 케이론은 궁술·음악·조각·의술 등에 능했다. 어떤 전승에서는 그가 세계 최초로 약초를 채취하여 약을 발명했다고도 한다. 우연히도, 그의 제자들은 아킬레우스를 제외하고 모두 별자리가 되었거나 별자리와 직접적인 연관을 맺고 있다.

케이론이 고대의 티탄족인 크로노스와 사랑스러운 바다의 님페인 필리라(평평한 접시 모양의 대지를 둘러싸며 흐르는 거대한 강의 신 오케아노스의 딸) 사이에 태어난 아들이라는 설도 있다. 크로노스는 아내이자 누이인 레아의 눈을 피하기 위해 말로 변신하여 필리라와 동침했다. 이는 케이론이 반인반마인 이유를 설명해준다. 그의 온화한 본성 역시 혈통과 관계있는데, 난폭하고 거친 다른 켄타우루스들은 제우스의 아내 헤라를 유혹하려 한 전설적인 죄인 익시온과 여인 형상의 구름인 네펠레의 후예들이었기 때문이다. 익시온이 헤라에게 흑심을 품었다는 이야기를 들은 제우스는 사실 여부를 확인하기 위해 구름의 신인 네펠레를 헤라의 형상으로 둔갑시켜 그의 침대로 보냈다. 과연 소문은 사실이었다. 제우스를 모욕한 죄로 익시온은 죽은 뒤 불타는 수레바퀴에 묶인 채 끝없이 지하세계를 굴러다녔다.

케이론은 불세출의 그리스 영웅들을 키운 스승으로 잘 알려져 있지만, 죽음, 아니 좀 더 정확히는 지상에서의 삶의 최후가 남다른 것으로도 유명하다. 필멸의 존재를 부모로 둔 그는 죽지 못할 운명이었지만, 죽음을 절실히 바라는 순간이 왔다. 케이론의 옛 제자인 헤라클레스가 어떤 모험 중에 케이론을 방문했다가 실수로 독화살을 케이론에게 쏘고 만 것이다. 케이론이 고통에 몸부림치자 신들은 그를 가엾이 여겨 지상에서의 삶을 끝내고 육체의 고통에서 벗어날 수 있도록 밤하늘로 올렸다.

켄타우루스자리의 주인공으로 거론되는 또 다른 인물 네소스는 성정이나 태도가 케이론과는 영 딴판이었다. 위대한 영웅 헤라클레스를 섬뜩한 죽음으로 내몬 장본인으로 가장 잘 알려져 있다. 네소스는 물이 불어 위험한 강에서 헤라클레스의 아내 데이아네이라를 건네주겠다고 제안했고, 지친 헤라클레스는 그 제안을 고맙게 받아들였다. 그런데 데이아네이라를 업자마자 네소스는 걷잡을 수 없는 정욕에 휩싸여 그녀를 데리고 달아나려 했다. 그때 헤라클레스는 아직 강을 건너는 중이었지만 데이아네이라의 비명 소리를 듣고 재빨리 몸을 돌려 켄타우루스에게 화살을 날렸다. 그러나 네소스는 즉사하지 않았고 숨을 거두기 직전 데이아네이라에게 자기 피를 조금 주며, 헤라클레스의 애정이 식었다 느끼면 사랑의 묘약으로 쓰라고 일렀다. 하지만 그것은 묘약이 아닌 독이었고, 후에 데이아네이라는 아무런 의심 없이 그 피를 헤라클레스의 옷에 묻혔다. 피부가 타들어 가고 벗겨지니 그 고통은 이루 말할 수 없었다. 헤라클레스는 스스로 목숨을 끊으려 장작더미에 불을 붙이고 그 위로 기어 올라갔다.

몇몇 고대 작가들이 켄타우루스자리의 기원이라 여겼던 또 다른 켄타우루스는 비교적 덜 알려진 폴로스였다. 그와 케이론이 활시위를 당기는 켄타우루스 형상의 궁수자리가 되었다고 생각한 사람들도 있었다. 어쨌거나 케이론처럼 폴로스 역시 산속 동굴에서 지내는 드물게도 온화한 켄타우루스였다. 어느 날, 또 하나의 모험길에 오른 헤라클레스가 폴로스를 찾아갔다. 손님을 정성껏 대접하기로 유명했던 폴로스는 포도주의 신 디오니소스에게서 맡아 두었던 귀한 포도주를 냈다. 부근의 켄타우루스들이 이 독한 술의 향을 맡고 몰려와 미친 듯이 덤벼들자 헤라클레스는 화살을 쏘아 그들을 쫓아냈다. 그런데 폴로스가 화살을 만지작거리다 자기 발에 떨어뜨리고 말았다. 화살에는 히드라의 독혈이 묻어 있었기에 이는 치명적인 사고였다. 헤라클레스는 폴로스를 묻어준 뒤 벗을 기리는 뜻에서 그가 살았던 산에 폴로이라는 이름을 붙였다. 신들은 폴로스를 별자리로 만들었다.

큰 별자리인 켄타우루스자리는 켄타우루스(케이론이든 네소스든 폴로스든)가 두 손으로 창을 든 형상을 하고 있다.

켄타우루스자리는 4월부터 6월까지 북위 25도-남위 90도에서 가장 잘 관측된다.
✷ 궁수자리, 바다뱀자리, 쌍둥이자리, 아르고자리, 컵자리, 헤라클레스자리

남반구 4사분면

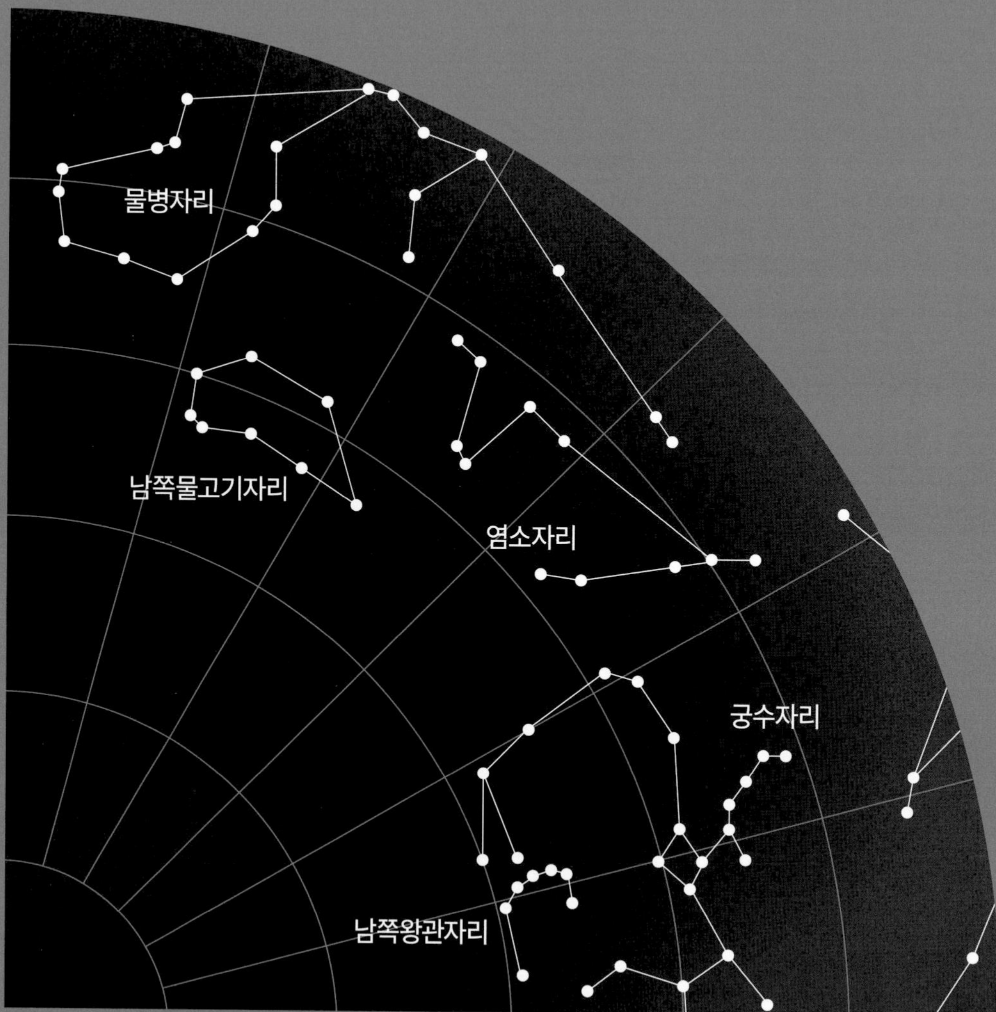

궁수자리 * 남쪽물고기자리 * 남쪽왕관자리

물병자리 * 염소자리

궁수자리

Sagittarius

✷

케이론이 쇠로 만들어진 화살촉을 살에서 뽑아내며 신음하자,
어린 아킬레우스가 그러했듯 헤라클레스는 슬퍼하여 한숨지었다.
케이론은 파가사이의 구릉지에서 채집한 약초를 발라
상처를 가라앉히려 해봤지만 소용없었다.
탐욕스러운 독에는 어떤 약도 듣지 않았고, 뼈와 온몸 깊숙이 병이 파고들었다.
그의 피에 레르나의 무시무시한 괴물 히드라의 피가 섞여드니 속수무책이었다.

오비디우스, 『로마의 축제들』 제5권 399-407행

주요인물

레아 크로노스의 누이이자 아내인 티탄족

무사이 헬리콘 산에 살며 예술을 수호한 여신들

아르고호 원정대 이아손과 함께 아르고호를 타고 항해한 남자들

아킬레우스 트로이 전쟁에서 활약한 그리스 영웅

에우페메 크로토스의 어머니인 님페

이아손 아르고호 원정대를 이끌고 황금 양피를 찾아 떠난 영웅

제우스 신들의 왕

케이론 가장 온화하고 교양 있는 켄타우루스

크로노스 올림포스 신들과 케이론의 아버지인 티탄족

크로토스 판과 님페 에우페메 사이에 태어난 아들

판 가축과 목자를 관장하는 전원의 신, 하반신이 염소인 반인반수

폴로스 친절하고 온화한 켄타우루스

필리라 케이론의 어머니인 님페

헤라클레스 열두 가지 과업으로 유명한 그리스 최고의 영웅

히드라 헤라클레스에게 퇴치되는 머리 여럿 달린 물뱀

고대인들이 상상한 궁수자리는 당장이라도 활을 쏠 듯 활시위를 당긴 채 질주하는 반인반마의 켄타우루스였다. 이 켄타우루스의 외양, 특히 무기는 켄타우루스자리와 다르지만, 두 별자리의 정체성과 신화는 고대에도 혼동되었다.

당연하게도, 궁수자리와 가장 흔히 연관되는 켄타우루스는 고대 그리스 로마에서 가장 유명하고 온화하며 교양이 흘러넘치던 케이론이다. 케이론은 티탄족 크로노스와 님페 필리라 사이에 태어났다고 전해진다. 크로노스는 누이인 레아와 결혼하여 제우스를 비롯한 올림포스 신들을 자식으로 두었다. 필리라에게 품은 부적절한 욕정을 레아 몰래 풀기 위해 크로노스는 종마로 변신하여 필리라와 동침했다. 후에 필리라는 반인반수의 사생아 케이론을 낳고는 공포에 질렸다.

이런 기묘한 혈통에도 케이론은 대단한 재주꾼으로 자랐다. 부모가 다른 데다 사납고 제멋대로인 다른 켄타우루스족과 떨어져 살았으며, 여러 방면의 기술에 숙달했다. 음악·예언·사냥·의술에 능통해서 헤라클레스, 아킬레우스, 아르고호 원정대의 대장 이아손 등 수많은 그리스 영웅의 스승이자 양아버지 노릇을 했다. 훗날 헤라클레스의 화살을 실수로 발에 떨어뜨려 치명상을 당하는 큰 불운을 맞았다. 헤라클레스의 화살에는 머리가 여럿 달린 무시무시한 괴물 히드라의 독혈이 묻어 있었고, 케이론의 대단한 의술도 그 독성에는 상대가 되지 않았다. 고통이 어찌나 심한지 차라리 죽고 싶을 정도였지만 하필 케이론은 불멸의 존재였다. 제우스는 타협안을 하나 내어 그의 소원을 들어 주었다. 케이론이 육신을 떠나는 것을 허락하는 대신 하늘을 빛내는 별자리로 그를 되살린 것이다. 역설적이게도 별자리가 된 케이론은 그의 육체적 삶을 끝내버린 무기인 활과 화살을 들고 있다. 후에 제우스는 헤라클레스에게도 같은 조치를 취하여, 케이론과 히드라처럼 밤하늘로 올렸다. 이들 셋은 각각 헤라클레스자리, 궁수자리, 바다뱀자리가 되었다.

폴로스라는 덜 알려진 켄타우루스도 궁수자리의 주인공으로 거론되는데, 케이론과 다를 바 없이 때아닌 죽음을 맞은 후 별자리로 부활한다. 폴로스 역시 켄타우루스답지 않게 친절했으며, 헤라클레스의 치명적인 화살을 건드리다가 제 손으로 치명상을 입고 말았다. 제우스는 마음 따뜻하고 성정이 너그러운 폴로스를 칭찬하며 별자리로 만들어 주었다.

궁수자리와 연관된 세 번째 인물은 헬리콘 산에서 어린 무사이를 젖 먹여 키운 님페 에우페메와 전원의 신 판 사이에 태어난 아들 크로토스다. 판은 몸의 절반은 인간, 절반은 염소였지만, 크로토스는 반인반수의 외모를 물려받지 않았다. 크로토스는 켄타우루스가 아니었고, 몸의 절반이 염소도 아니었다. 외양으로는 온전한 인간이었다. 무사이의 벗으로 사냥과 달리기와 예술에 능했다는 것 외에 크로토스에 관해 더 알려진 사실은 없다. 그가 죽자 무사이는 제우스에게 그를 별자리로 만들어 달라 간청했고, 제우스는 부탁을 들어 주었다. 별자리는 크로토스의 모습을 그대로 재현하기보다는 그의 다양한 재능과 속성을 상징적으로 표현하고 있다. 말의 몸통은 빠른 달리기 속도를, 활과 화살은 뛰어난 사냥 실력을 보여준다.

궁수자리는 7월부터 8월까지 북위 44도-남위 90도에서 가장 잘 관측된다. 황도 12궁 중 하나로, 12월 중순에서 1월 중순 사이에 태양이 이 별자리를 지나간다.
✷ 바다뱀자리, 켄타우루스자리, 헤라클레스자리

남쪽물고기자리
Piscis Austrinus

여신 이시스가 아이를 낳을 때 물고기가 와서 도와 주었고,
이 친절에 보답하여 여신이 물고기와 우리가 앞서 이야기했던 그 새끼를
별자리로 만들었다고 전해진다.

히기누스, 『시적 천문학』 제2권 41장 1절

주요인물

세트 폭풍우와 자연재해를 관장하는 난폭한 이집트 신

아프로디테 사랑과 정욕을 관장하는 그리스 여신

오시리스 지하세계를 다스리는 이집트 신, 이시스의 남편

이시스 다산과 풍요를 관장하는 이집트 여신

호루스 하늘과 태양을 관장하는 이집트 신

남쪽물고기자리는 그 이름이 암시하듯 남반구에 자리하고 있다. 이 물고기는 물고기자리에 해당하는 물고기 두 마리의 부모로 여겨졌다. 재미있는 점은, 남쪽물고기자리에 얽힌 전승이 물고기자리와 아주 유사하다는 것이다. 사람들은 한 쌍의 물고기가 아프로디테를 구한 사건을 기념하는 것이 물고기자리라고 생각했다. 그러나 남쪽물고기자리의 경우 주인공으로 등장하는 신은 아이를 임신한 이시스다. 이시스는 그리스에서나 로마에서나 큰 인기를 누리던 이집트의 지모신으로, 그녀의 자식은 호루스, 그녀의 남편이자 호루스의 아버지는 그녀의 오빠인 오시리스였다. 폭풍우를 관장하는 난폭한 신 세트는 오시리스를 죽인 뒤, 이시스가 임신한 아들을 위협으로 간주하여 이시스도 뒤쫓았다. 세트로부터 달아나다 갑자기 진통까지 시작되어 더욱 큰 난관에 빠진 이시스가 강으로 뛰어들자 물고기 한 마리가 나타나 그녀를 구해 주었다. 남쪽물고기자리는 바로 이 물고기를 기념하는 별자리이다.

이시스는 강기슭의 빽빽한 파피루스 덤불 속에 숨어 무사히 아이를 낳았다. 또한 이집트 전역을 샅샅이 뒤져 오시리스의 토막 난 시신 조각들을 찾은 다음 이어붙여 남편을 되살렸다.

남쪽물고기자리는 몸뚱어리를 거꾸로 뒤집은 채 입을 벌려 물병자리의 컵에서 흘러나오는 물을 마시는 형상을 띠고 있다.

남쪽물고기자리는 9월부터 10월까지 북위 53도-남위 90도에서 가장 잘 관측된다.
✷ 물고기자리, 물병자리

남쪽왕관자리

Corona Australis

저승 입구에 다다른 디오니소스는 지하세계로 내려가기 직전,
아프로디테에게 선물받았던 왕관을,
지금은 그 사건을 기려 스테파노스라 불리는 곳에 벗어 두었다.
그 불멸의 선물이 망자들에 닿아 더러워질까봐 가져가고 싶지 않았기 때문이다.
자신의 어머니를 산 자의 세상으로 무사히 데려온 디오니소스는
왕관을 별자리로 올려 이 일을 영원토록 기념했다.

히기누스, 『시적 천문학』 제2권 5장 2절

주요인물

디오니소스 포도주·초목·연극을 관장하는 신

세멜레 테베의 공주, 디오니소스의 어머니

제우스 그리스 신들의 왕, 디오니소스의 아버지

헤라 그리스 신들의 여왕, 제우스의 아내

남쪽왕관자리는 고대에도 분명 알려져 있었지만, 웬일인지 그와 연관된 유력하거나 주목할 만한 신화적 전승은 딱히 없다. 궁수자리의 켄타우루스 머리에서 떨어져 내린 화관이라고 생각하는 사람들도 있었다. 고대에 화관은 왕족이나 신의 왕관으로 사용되었을 뿐만 아니라 비범한 위상을 나타내는 상징물이기도 했으므로, 올림픽 경기의 승자들에게 상으로 내리기도 하고 제사나 기념행사에서 머리에 쓰기도 했다. 고대 예술 작품에 화관을 쓴 켄타우루스가 자주 등장하는 만큼, 궁수자리의 켄타우루스가 화관을 쓰고 있었다고 해도 이상할 건 없다.

그러나 디오니소스가 어머니 세멜레와 그녀의 비극적인 죽음, 그리고 이후의 부활을 기념하기 위해 남쪽 하늘에 둔 화관이 이 별자리라는 설도 있다. 테베의 공주 세멜레는 제우스가 탐내어 임신시킨 숱한 인간 여성들 가운데 한 명이었다. 제우스의 질투심 많은 아내 헤라는 남편이 세멜레와 바람을 피웠다는 사실을 알고 복수를 계획했다. 가족이 신뢰하는 유모로 변신한 헤라는 세멜레의 자매들에게 접근하여, 세멜레가 아이를 임신했는데 그것도 혼외 자식이며 아버지는 불한당일 수도 있다고 귀띔했다. 자매들은 호기심이 동해 세멜레에게 아이 아버지가 누구냐고 물었다. 세멜레는 자신의 연인이 다름 아닌 신들의 왕이라고 자신 있게 답했지만, 자매들은 남자의 진짜 정체를 캐물으며 의혹의 씨를 뿌렸다. 그 남자가 신이라는 걸 스스로 증명하게 하라며 세멜레를 부추겼다. 그러자 잔뜩 불안해진 세멜레는 제우스가 또 찾아왔을 때 한 가지 부탁이 있다고 말했다. 제우스는 무슨 부탁인지 묻지도 않고 들어주겠노라 약속했다. 전지全知의 신이라면 저지르지 말았어야 할 중대한 과실이었다. 제우스는 서약의 신이자 약속의 수호신이었으므로, 그의 신성을 완전히 드러내 보여 달라고 세멜레가 부탁했을 때 그가 이미 뱉은 약속을 도로 주워담을 수 없었다. 지극히 무거운 마음으로 제우스는 자신의 찬란한 신성을 오롯이 드러냈고, 아니나 다를까 세멜레는 화염에 휩싸였다. 순수한 신성은 한낱 인간이 감당할 수 없을 만큼 강렬했다.

제우스는 세멜레를 구하지 못했지만, 아기 디오니소스는 구해냈다. 세멜레의 자궁에서 꺼낸 태아를 자신의 허벅지에 집어넣고 기른 것이다. 아홉 달 후, 제우스의 허벅지가 욱신욱신 쑤시더니 아기 디오니소스가 기적처럼 태어났다. 시간이 흘러 디오니소스는 어머니를 망자의 세계에서 데리고 나오기 위해 저승으로 내려가면서, 도금양 잎사귀를 엮어 만든 관을 남겨두어 이 일을 기념했다. 또 어머니의 시련이 잊히지 않도록 화관을 밤하늘의 별들 사이에 두었다.

남쪽왕관자리는 7월부터 8월까지 북위 44도-남위 90도에서 가장 잘 관측된다.

✷ 궁수자리

물병자리
Aquarius

올림포스 신들이 제우스의 왕궁에 한데 모여 금빛 옥좌에 자리를 잡았다.
신들이 연회를 즐기는 동안 사랑스러운 가니메데스가 돌아다니며
신이 마시는 향기로운 술인 넥타르를 그들의 잔에 따라 주었다.

논노스, 『디오니소스 이야기』 제27권 241-245행

주요인물

가니메데스 제우스의 술 시중을 들게 되는 트로이의 왕자

데우칼리온 프로메테우스의 성품 바른 아들

아테나 아테네의 수호신, 방어전의 여신

제우스 신들의 왕

케크롭스 반인반사, 아테네의 초기 왕

테미스 정의의 여신

포세이돈 바다의 신

프로메테우스 인간의 조력자로 유명한 티탄족

피라 데우칼리온의 독실한 아내

고대에는 신화 속의 여러 인물들이 물병자리의 주인공으로 거론되었다. 그중 가니메데스라는 설이 가장 널리 퍼져 있었다. 가니메데스는 어린 양치기이자, 굉장히 잘생긴 트로이 왕자였다. 제우스는 트로이 남동부의 이다 산에서 양을 치고 있는 가니메데스를 보고 반해버렸다. 그러고는 제우스가 자신의 신조 독수리를 보내어 가니메데스를 올림포스 산으로 납치해 왔다고도 하고, 제우스 자신이 직접 독수리로 변신했다고도 한다. 올림포스 산에서 제우스는 가니메데스를 신의 반열에 올리고 인간들이 볼 수 있는 별자리로 만들었으며, 신들의 술잔이 비지 않도록 시중드는 영광스러운 일을 그에게 맡겼다. 가니메데스를 데려온 독수리(독수리자리) 역시 별자리가 되어 소년 곁에 자리하게 되었다.

티탄족 프로메테우스의 아들 데우칼리온이 물병자리가 되었다는 설도 있다. 데우칼리온은 그리스 북부 테살리아 지방의 프티아를 다스린 왕으로 피라라는 여인과 결혼했다. 인간 세계에 사악함이 만연한 시절에도 데우칼리온과 피라는 경건함을 잃지 않았으며, 그래서 제우스가 인류를 제거하기로 결정했을 때 이들 부부만은 목숨을 부지할 수 있었다. 제우스는 불벼락을 내려 대지를 불살라버릴까 잠시 생각했지만, 천상에까지 영향이 미칠까 염려스러웠다. 그래서 대홍수를 일으키기로 하고 형제 포세이돈에게 도움을 청했다. 아흐레 내내 비가 내리고 폭풍이 몰아쳤다. 촌락이고 들판이고 쑥대밭이 되었다. 인간이고 가축이고 할 것 없이 물에 휩쓸려 익사했다. 물에 빠져 죽지 않은 자들은 후에 굶어 죽었다. 오로지 데우칼리온과 피라만이 조각배로 폭풍우를 뚫고 무사히 달아났다. 비가 잦아들자 배는 파르나소스 산으로 떠밀려 올라갔다. 데우칼리온과 피라는 살아남은 것이 감사하면서도, 다른 인간들이 모두 죽어 슬펐다. 그래서 정의의 여신 테미스를 모시는 근처 신전으로 가서, 어떻게 하면 인류를 되찾을 수 있을지 물었다. 테미스는 그들 어머니의 뼈를 어깨 뒤로 던지라는 신탁을 내렸다. 피라는 부모의 유해를 욕되게 하는 짓이라며 거부했다. 그러나 데우칼리온은 신탁을 문자 그대로 해석하지 않고, 어머니의 뼈는 돌멩이, 그들의 어머니는 모든 생명체의 어머니인 대지일 거라 생각했다. 부부가 돌멩이를 어깨 뒤로 던지자, 돌들이 남자와 여자를 닮은 친숙한 형상으로 변했다. 다른 생물들도 땅에서 저절로 솟아나기 시작했다.

전설상의 아테네 왕(어떤 전승에 따르면 아테네 최초의 왕) 케크롭스도 물병자리의 주인공으로 거론된다. 반인반사의 케크롭스는 땅에서 태어났으며, 다리가 있어야 할 자리에 뱀의 꼬리가 달려 있었다. 케크롭스는 문화적 업적을 많이 남긴 왕으로 알려졌다. 아테네에 신전을 지어 아테나와 제우스를 숭배하는 신앙을 확립하고, 백성들에게 글 쓰는 법과 죽은 자를 제대로 매장하는 법을 가르쳤다. 또 인간을 제물로 바치는 풍습을 폐지하고 술을 대신 올리게 했다. 아테나와 포세이돈이 아테네의 수호신 자리를 두고 대결할 때 케크롭스가 판결을 내렸다는 설도 있다. 아테나는 아크로폴리스에 올리브 나무 한 그루가 돋아나게 해 아테네 백성들에게 선물했고, 포세이돈은 바위를 삼지창으로 내려쳐 말 한 마리(또는 해군력을 상징하는 염수 샘)를 만들어 냈다. 올리브 나무가 좀 더 가치 있는 선물이라는 케크롭스의 판단으로 아테나가 아테네의 수호신이 되었다. 실제로 올리브 나무는 아테네 경제의 버팀목이 되었다.

이 별자리는 남자가 커다란 항아리로 액체를 따르는 형상을 띠고 있다. 가니메데스라면, 신들에게 술을 따라주는 중일 것이다. 데우칼리온이라면, 항아리에 들어 있는 건 그가 살아남은 홍수 물일 테고, 케크롭스라면 신들에게 바치는 헌주일 것이다.

물병자리는 8월부터 10월까지 북위 65도-남위 86도에서 가장 잘 관측된다. 황도 12궁 중 하나로, 2월 중순에서 3월 중순 사이에 태양이 이 별자리를 지나간다.

✷ 독수리자리

염소자리

Capricornus

✷

판은 티폰의 손아귀에서 달아나려 하반신을 물고기로,
나머지 몸을 염소로 둔갑하여 물줄기로 뛰어들었다.
이 영특함에 탄복한 제우스가 그의 형상을 별들 사이에 두었다.

히기누스, 『시적 천문학』 제2권 28장 1절

주요인물

시링크스 판에게 사랑받는 님페

아프로디테 사랑과 정욕을 관장하는 그리스 여신

에로스 아프로디테와 아레스의 아들

제우스 신들의 왕, 티탄족 크로노스의 아들

티폰 올림포스 신들과 전쟁을 벌이는 머리가 백 개인 괴물

판 목자·가축·들판의 수호신

헤르메스 전령의 신

영어 이름이 'Sea-Goat(바다 염소)' 혹은 그냥 'Goat(염소)'인 염소자리는 대개 물고기 꼬리가 달린 염소의 모습으로 묘사된다. 고대 바빌론에서 별을 관측했던 사람들도 이 별자리를 알아보고 '염소 물고기'라 불렀으니, 그 특정한 혼종성은 바빌론에서 유래했을 가능성이 높다. 그러나 라틴식 이름인 '카프리코르누스Capricornus'를 직역하면 '바다 염소'가 아니라 '염소 뿔' 혹은 '뿔 달린 염소'가 된다.

염소자리와 연관된 신화 속 인물은 목자·가축·들판의 수호신인 판이었다. 판의 부모가 누구인지에 관해서는 의견이 분분했지만(제우스의 아들이라고도 하고 전령의 신 헤르메스의 아들이라고도 한다) 그의 외양에 관해서는 고대 작가들과 화가들의 생각이 일치했다. 머리와 몸통은 대체로 인간이지만, 염소의 뿔과 수염, 네 다리, 꼬리가 달려 있다. 판은 좋아하는 숲속을 돌아다니며 피리를 불었다. 판을 대표하는 악기인 피리는 원래 아름다운 님페 시링크스였다. 그녀는 판의 집요한 구애가 두려워 그를 피해 갈대로 변신했다. 바람이 불 때마다 이 갈대들이 아름다운 소리를 내자 판은 갈대들을 꺾어 한데 묶었고, 이리하여 양치기들의 피리가 발명되었다.

판이 별자리가 된 사연은 물고기자리와 연관된 아프로디테와 에로스의 이야기와 상당히 비슷하다. 머리 여럿 달린 무시무시한 괴물 티폰이 제우스를 비롯한 신들을 공격했을 때, 판은 달아나 개울로 뛰어들었는데 물속에서 물고기 꼬리가 자라나 안전한 곳까지 헤엄쳐갈 수 있었다. 제우스는 이 영리한 탈출법에 탄복하여 물고기 꼬리를 단 판의 형상을 별자리로 만들었다.

판이 물고기로 변한 사정을 조금 다르게 푼 이야기도 있다. 구세대 신들인 티탄족과 올림포스 신들 간에 전쟁이 벌어졌다. 올림포스 신들은 제우스를 위시하여 그 형제자매들과 자식들 등 올림포스에 사는 신들을 일컬었고, 티탄족은 제우스의 아버지와 그 형제자매들이었다. 하늘과 땅이 뒤흔들릴 정도로 격렬했던 이 패권 전쟁에서 판이 결정적인 역할을 했다고 전해진다. 그가 느닷없이 고함을 지르자, 부상당한 제우스를 감시하던 괴물은 물론이고 티탄족까지 공포(이런 공포를 '패닉panic'이라 부르는 것도 우연의 일치가 아니다)에 질려 후퇴했다. 이 사건을 기념하는 별자리는 조개를 던져 티탄족의 퇴각을 재촉하는 판의 모습을 반영하여 물고기 같은 형상을 띠고 있다.

염소자리는 8월부터 9월까지 북위 62도-남위 90도에서 가장 잘 관측된다. 황도 12궁 중 하나로, 1월 중순에서 2월 중순 사이에 태양이 이 별자리를 지나간다.
✷ 물고기자리

2부

✷

프톨레마이오스 이후의 별자리

국제천문연맹이 공인한 별자리는 현재 88개다. 여기에는 클라우디오스 프톨레마이오스가 100년에서 174년 사이의 언젠가 『알마게스트』를 저술하며 실어놓은 고대의 별자리 48개와 프톨레마이오스 이후에 확인된 별자리 40개가 포함되어 있다. 천구의 북반구와 남반구에 비어 있는 미지의 공간을 채워 밤하늘의 전체 지도를 완성하려는 노력으로 새로운 별자리들이 생겨났다. 프톨레마이오스의 별자리처럼 다들 라틴어 이름이 붙여졌지만, 미미하게라도 고전 신화와 연관된 것은 몇 개 되지 않는다. 새로 정해진 별자리들은 이 뒤에 모두 실어 놓았다.

수많은 사람이 수많은 별자리를 새로 제안했지만, 대부분은 과학계로부터 퇴짜를 맞았다. 결국 소수의 천문학자가 소개한 별자리들만이 세월의 시험을 견뎌 공식적으로 승인받았다. 그 천문학자들에는 요하네스 헤벨리우스, 니콜라 루이 드 라카유, 페트뤼스 플란시우스(피터르 디르크스존 케이서르와 프레데릭 더 하우트만 같은 탐험가들과 협업하기도 했다), 카스파르 보펠 등이 있다.

네덜란드의 지도 제작자인 페트뤼스 플란시우스(1552-1622)는 남쪽 하늘의 지도를 만드는 데 앞장섰지만, 오롯이 혼자 작업한 건 아니었다. 그가 발견했다고 전해지는 별자리 16개 중 12개는 해양 탐험가들인 피터르 디르크스존 케이서르와 프레데릭 더 하우트만의 관측에 기초해 있었다. 그들은 플란시우스의 지시에 따라 동인도 제도로 항해하며 남쪽 하늘을 조사했다. 플란시우스가 1597/1598년에 천구의에 표시하여 발표한 별자리들은 유럽 탐험대가 우연히 발견하고 이국적이라 느낀 동물들에서 이름을 따왔다.

육안 관측에 의지한 폴란드 천문학자 요하네스 헤벨리우스(1611-1687)는 1687년에 『소비에스키의 창공, 혹은 항성표*Firmamentum Sobiescianum sive Uranographia*』(소비에스키는 폴란드의 왕 얀 3세 소비에스키를 가리킨다)라는 제목의 별자리 지도를 발표했고, 그중 7개가 국제천문연맹으로부터 인정받았다.

프랑스 천문학자 니콜라 루이 드 라카유(1713-1762)는 남쪽 하늘에 있는 14개의 별자리를 추가했다. 드 라카유의 별자리는 지금의 남아프리카공화국에 있는 희망봉에 천문대를 짓고 관측하여 얻은 성과였다. 드 라카유는 현미경이나 망원경처럼 계몽주의 시대에 발명된 혁명적이고 새로운 과학 도구를 별자리 이름으로 주로 사용했다. 그 외에는 예술 도구나 장비의 이름을 붙였는데, 눈에 띄는 예외가 한 가지 있으니, 남아프리카공화국의 독특한 지형을 따서 이름 지은 테이블산자리였다.

플란시우스, 헤벨리우스, 드 라카유와 달리, 독일의 지도 및 기계 제작자인 카스파르 보펠(1511-1561)은 새로운 별자리를 소개하고 공인받아 알려진 것이 아니라, 이미 고대에 인지된 특정 성군(뚜렷이 구별되지만 별자리로 공인되지 않은 별들의 패턴)이 정식 별자리로 인정받는 데 기여한 업적이 있다. 그 고대의 성군은 머리털자리였다.

마지막으로 덧붙이자면, 국제천문연맹 별자리 목록을 꼼꼼히 살펴본 사람은 알아차렸겠지만, 그중 프톨레마이오스의 별자리는 48개가 아니라 47개뿐이다. 이는 프톨레마이오스의 거대한 별자리인 아르고자리가 너무 크다는 후대 천문학자들의 판단에 따라 세 개의 새로운 별자리, 즉 용골자리, 돛자리, 고물자리로 나뉘었기 때문이다. 지금은 현대의 세 별자리들이 프톨레마이오스의 아르고자리를 대신하고 있다. 이렇게 나눈 천문학자는 드 라카유였다.

플란시우스의 별자리

페트뤼스 플란시우스(Petrus Plancius, 1552-1622)

네덜란드의 신학자이자 지도 제작자. 대항해시대의 항로 개척과 남반구 관측 자료를 바탕으로 새로운 별자리를 제안했다. 그는 노아의 방주의 전설에서 영감을 얻은 비둘기자리, 남쪽 하늘의 기준이 된 남십자자리, 순수의 상징인 외뿔소자리 등을 도입해 고대 이후 잊혔던 남반구 하늘을 다시 그려냈다. 그가 발견한 별자리 중 일부는 해양 탐험가들인 피터르 디르크스존 케이서르와 프레데릭 더 하우트만의 관측에 기초했다.

기린자리
Camelopardalis

기린자리는 1612년에 플란시우스가 처음 소개한 별자리다. 이 별자리의 라틴어 이름은 고대 그리스어인 '카멜로스kamélos(낙타)'와 '레오파르도스leopardos(표범)'가 결합된 형태로, '낙타-표범'이라는 뜻이다. 기린이 낙타처럼 목이 길고 표범처럼 얼룩점이 있다는 사실을 반영한 이름이다.

밝지는 않아도 규모가 큰 기린자리는 북반구 1·2·3사분면을 가로지르며, 고대 별자리들인 큰곰자리와 카시오페이아자리 사이에 있다.

12월부터 5월까지 북위 90도-남위 3도에서 가장 잘 관측된다.

남십자자리
Crux

작지만 밝고 또렷한 남십자자리(라틴어 이름인 '크룩스'는 '십자가'라는 뜻이다)는 고대에 발견되었지만, 당시엔 켄타우루스자리의 일부로 간주되었다. 이 별들의 무리를 독자적인 별자리로 도입한 사람이 누구인지는 분명치 않으나, 16세기에 이루어진 일임은 분명하다. 이 별자리를 처음 십자가로 그려넣은 사람은 플란시우스였다.

국제천문연맹이 공인한 88개 별자리 중 가장 작은 남십자자리는 남반구 3사분면에서 고대 별자리인 켄타우루스자리, 현대 별자리들인 파리자리와 (거대한 고대 별자리 아르고자리의 일부였던) 용골자리에 둘러싸여 있다.

4월부터 5월까지 북위 25도-남위 90도에서 가장 잘 관측된다.

비둘기자리
Columba

비둘기자리는 플란시우스가 16세기 후반 천체도와 천구의에 표시한 별자리다. 라틴어 이름인 '콜룸바'는 '콜룸바 노하에Columba Nohae(노아의 비둘기)'의 축약형으로, 노아가 홍수 물이 빠졌는지와 근처에 땅이 있는지 알아보기 위해 그 유명한 방주에서 날려 보냈다는 비둘기를 상징한다. 비둘기는 올리브나무 가지를 문 채 돌아왔고, 비둘기자리는 바로 그 모습을 재현하고 있다.

남쪽 하늘에서 남반구 1사분면과 2사분면에 걸쳐 있는 비둘기자리의 비둘기는 고대 별자리인 큰개자리 근처에서, 플란시우스가 노아의 방주로 재구상한 아르고자리의 선박 뒤를 날고 있다.

1월에 북위 46도-남위 90도에서 가장 잘 관측된다.

외뿔소자리

Monoceros

외뿔소자리는 고대 그리스어에서 유래한 이름을 갖고 있지만, 고전 시대에 알려지지 않았던 짐승을 상징한다. 특이하게 이름 지어진 동류의 동물 별자리 기린자리(라틴어 이름을 직역하면 '낙타-표범')와 마찬가지로 외뿔소자리도 플란시우스가 1612년에 제작한 천구의를 통해 처음 소개되었다.

외뿔소자리는 천구의 적도에 자리하면서 북반구 2사분면과 남반구 2사분면에 걸쳐 있다. 외뿔소는 쌍둥이자리, 오리온자리, 토끼자리, 큰개자리, 바다뱀자리, 작은개자리 등 다수의 고대 별자리들에 에워싸인 채 하늘을 질주하고 있다. 고대의 대형 별자리인 아르고자리에서 갈라져 나온 고물자리도 근처에 있다.

1월부터 2월까지 북위 78도-남위 78도에서 가장 잘 관측된다.

플란시우스와 탐험가들의 공동 별자리

공작자리
Pavo

공작자리가 만약 유럽 탐험가들의 눈에 이국적으로 보였던 특정 종을 상징한다면, 남쪽 하늘을 빛내고 있는 별자리의 주인공은 우리에게 친숙한 파란색의 인도공작*Pavo cristatus*보다는 동남아시아의 자바공작*Pavo muticus*일 가능성이 크다.

원래의 공작자리는 화려한 꼬리를 활짝 펼친 모습이었으나, 후에 프랑스 천문학자 니콜라 루이 드 라카유가 자신의 새 별자리인 망원경자리가 들어갈 자리를 만들기 위해 꽁지깃을 짧게 줄였다.

밤하늘의 공작은 남반구 4사분면에서 고대 별자리인 제단자리와 현대 별자리들인 남쪽삼각형자리, 극락조자리, 팔분의자리, 큰부리새자리, 인디언자리, 그리고 물론 망원경자리에 둘러싸인 채 점잔 빼며 걷고 있다.

7월부터 9월까지 북위 15도-남위 90도에서 가장 잘 관측된다.

극락조자리
Apus

이 별자리의 이름에는 복잡한 사연이 얽혀 있다. 라틴어 이름인 '아푸스'는 '아푸스 파라디세우스Apus Paradiseus'의 축약형이지만, 플란시우스가 원래 붙였던 이름은 네덜란드어·고대 그리스어·라틴어를 결합한 '파라디스보헬 아피스 인디쿠스Paradysvogel Apis Indicus'로, 직역하면 '극락조 인도의 벌'이라는 뜻이다. 그러나 그리스어로 '벌'을 의미하는 '아피스'는 '새'라는 뜻의 라틴어 '아비스avis'의 오자였을지도 모른다. 사람들은 처음부터 이 별자리를 새의 형상으로 생각했기 때문이다. 어쨌거나 그 후로 '아비스 인디카', '아푸스 인디카'로 계속 이름이 바뀌다가 결국 '아푸스'가 되었다.

한편 아푸스는 발이 없다는 뜻의 그리스어 '아-푸스a-pous'를 라틴어로 옮긴 것이다. 흥미롭게도, 16세기에 깃털이 화려한 뉴기니 섬의 극락조가 처음 서양인들에게 소개되었을 때 현지 상인들이 외적인 아름다움을 강조하고자 그 새의 발을 제거했던 것으로 보인다.

극락조자리는 뉴기니 섬의 극락조가 날갯짓하는 형상을 띠고 있다. 남반구 3 사분면에서 고대 별자리들인 제단자리와 켄타우루스자리, 현대 별자리들인 남쪽삼각형자리, 컴퍼스자리, 파리자리, 카멜레온자리, 팔분의자리, 공작자리에 둘러싸여 있다.

5월부터 7월까지 북위 7도-남위 90도에서 가장 잘 관측된다.

날치자리
Volans

날치자리(원래의 라틴어 이름은 피스키스 볼란스Piscis Volans)의 주인공 날치는 60가지 이상의 종으로 나뉜다. 포식자에게 쫓기면 물 밖으로 튀어올라 수면 위를 한참이나 미끄러지듯 질주하는데 그 모습이 마치 비행하는 것처럼 보인다. 열대 및 아열대 지역에 서식지가 집중되어 있다.

희미한 별자리인 날치자리는 남반구 2사분면에서 뒤쫓아 오는 황새치자리에 붙잡힐세라 거침없이 헤엄치고 있다. 고대 별자리인 아르고자리에서 갈라져 나온 용골자리가 이 바다 풍경에 운치를 더해준다.

1월부터 3월까지 북위 14도-남위 90도에서 가장 잘 관측된다.

남쪽삼각형자리
Triangulum Australe

남쪽삼각형자리는 제도용 도구인 삼각자를 형상화한 별자리다.

작지만 존재감이 뚜렷한 별자리로, 꼭짓점 같은 세 개의 밝은 별이 얼추 정삼각형을 이루고 있다. 남반구 3사분면의 은하수에서, 컴퍼스자리나 직각자자리처럼 하늘을 관찰하고 측량하는 도구를 상징하는 현대 별자리들과 한데 모여 있다. 부근에는 고대 별자리인 제단자리와 켄타우루스자리, 현대 별자리인 극락조자리와 공작자리가 있다.

6월부터 7월까지 북위 19도-남위 90도에서 가장 잘 관측된다.

두루미자리
Grus

커다란 몸집에 긴 다리가 달린 독특한 새 두루미는 15가지의 종으로 나뉜다. 그중 어느 종이 밤하늘의 별자리로 정해졌는지는 알 수 없지만, 키가 거의 2미터나 되는 최장신 두루미인 동남아시아의 큰두루미Antigone antigone가 유력한 후보로 거론된다.

고대에 남쪽물고기자리의 일부로 간주되었던 두루미자리는 두 날개를 활짝

펴고 날아오르는 두루미의 형상을 하고 있다. 남반구 4사분면에서 공작자리, 봉황자리, 큰부리새자리 같은 조류 별자리들과 함께 모여 있다.

9월부터 10월까지 북위 33도-남위 90도에서 가장 잘 관측된다.

물뱀자리
Hydrus

물뱀자리의 라틴어 이름 '히드루스Hydrus'는 라틴어로 물뱀을 뜻한다. 고대의 더 큰 별자리인 바다뱀자리의 주인공 히드라Hydra는 헤라클레스가 물리친 머리 여럿 달린 암컷 뱀이었는데, 이 히드라와 구별하기 위해 '-us'라는 남성형 접미사를 붙여 수컷 뱀으로 설정했다.

작은 별자리인 물뱀자리는 남반구 1사분면에서 남쪽 하늘을 구불구불 헤엄치는 물뱀의 형상을 띠고 있다. 근처에는 봉황자리와 큰부리새자리 같은 현대의 조류 별자리들과 더불어, 테이블산자리, 그물자리, 시계자리도 있다.

10월부터 12월까지 북위 8도-남위 90도에서 가장 잘 관측된다.

봉황자리
Phoenix

봉황자리는 플란시우스가 탐험가들과 함께 발견한 12개의 별자리 가운데 가장 크며, 고대 그리스 로마 사람들이 아라비아의 황야에서 산다고 믿었던 전설의 불사조를 형상화한다. 불사조는 빨간색, 황금색, 파란색, 자주색 깃털이 어우러진 대단히 아름답고 큰 새로, 500년 넘게 살았다고 전해진다. 향긋한 유칼립투스와 향료(유향, 몰약, 계피)로 직접 장작더미를 쌓아 몸을 태우면 그 잿더미에서 새끼가 태어나 날아올랐다고 한다. 이런 식으로 불사조는 부활했다.

봉황자리는 남반구 1사분면과 4사분면에서, 고대 별자리인 에리다누스강자리의 강줄기 남쪽 끝에 있다. 전설의 불사조는 밤하늘에서 두루미자리며 큰부리새자리 같은 다른 새들과 함께 무리지어 있다.

10월부터 11월까지 북위 32도-남위 90도에서 가장 잘 관측된다.

인디언자리
Indus

플란시우스와 탐험가들이 공동으로 발견한 별자리들은 대부분 외래종 동물에서 이름을 따왔는데, 인디언자리는 명백한 예외로 유일하게 인간을 형상화한다. 토착민인 건 확실하지만 어느 나라의 토착민인지 알 수 없고, 어쩌면 그 네덜란드 탐험가들이 여행 중에 만난 누군가인지도 모를 일이다.

허리에 천을 두른 채 창(여러 개의 창 혹은 화살로 묘사되기도 한다)을 들고 있는 남성을 형상화한 인디언자리는 남반구 4사분면에서 현대 별자리들인 공작자리와 큰부리새자리 사이에 자리를 잡고 있다.

8월부터 10월까지 북위 15도-남위 90도에서 가장 잘 관측된다.

카멜레온자리
Chamaeleon

라틴어 이름 '카마엘레온'은 '카마이khamai(땅에서)'와 '레온leōn(사자)'을 합성한 고대 그리스어 '카마일레온khamaileōn'의 라틴어 형태인데, 카마일레온은 '카멜레온'으로 번역되지만 문자 그대로는 '땅 사자'를 의미한다. 다시 말해, 이 독특한 종의 파충류는 보호색으로 위장하는 능력보다는 짧은 다리로 땅을 기어 다니는 습성에 근거하여 이름 지어졌다.

이 작은 별자리는 원래 머리 위의 파리를 향해 혀를 쭉 내밀고 있는 카멜레온의 형상으로 설정되었다. 먹잇감인 파리는 지금 파리자리로 불리고 있다. 카멜레온자리는 남반구 2사분면에 있지만 남반구 3사분면으로도 조금 뻗어 있다. 파리자리도 마찬가지다. 카멜레온자리는 천구의 남극에 가까워서 현대 별자리들인 날치자리, 테이블산자리, 팔분의자리, 극락조자리에 둘러싸여 있다. 고대의 별자리 아르고자리에서 분리되어 나온 돛자리도 근처에 있다.

2월부터 5월까지 북위 7도-남위 90도에서 가장 잘 관측된다.

큰부리새자리
Tucana

큰부리새자리의 새는 케이서르와 더 하우트만이 동인도 탐험에서 본 품종은 아닐 것이다. 그보다 앞서 중남미 지역을 탐험한 케이서르가 그곳에 서식하는 큰부리새를 목격했다고 전해진다.

큰부리새자리는 산딸기 가지를 부리에 문 큰부리새를 형상화한다. 부리가 큼직하기로 유명한 이 독특한 새는 남반구 1사분면과 4사분면에서 동류의 별자리들인 봉황자리, 두루미자리, 공작자리에 둘러싸여 있다. 이 조류 별자리들을 통칭 '남쪽의 새들'이라 부른다.

9월부터 11월까지 북위 14도-남위 90도에서 가장 잘 관측된다.

파리자리
Musca

파리 자체는 전혀 이국적이지 않지만, 몇몇 이국적인 동물의 좋은 먹잇감이다. 카멜레온자리의 아주 이국적인 짐승이 밤하늘에서 파리자리와 함께한다. 카멜레온은 바로 위에서 얼쩡대는 파리를 향해 혀를 쭉 내밀고 있다.

한 조를 이루고 있는 카멜레온자리와 마찬가지로 남반구 2사분면과 3사분면에 위치한 파리자리는 카멜레온자리와 밝고 또렷한 현대 별자리 남십자자리 사이를 날고 있다.

4월부터 5월까지 북위 14도-남위 90도에서 가장 잘 관측된다.

황새치자리
Dorado

특이하게도 황새치자리는 라틴어 이름이 없다. '도라도'는 스페인어로 만새기Coryphaena hippurus를 부르는 말로, 직역하면 '황금의'라는 뜻이다. 열대(와 아열대) 지역의 물고기인 만새기는 황금색, 초록색, 파란색이 어우러진 화려한 빛깔을 자랑한다.

이 작은 별자리는 좋아하는 먹잇감인 날치(날치자리)가 높이 뛰어오르자 그 뒤를 쫓으며 하늘을 헤엄치는 만새기의 형상을 띠고 있다.

황새치자리는 남반구 1사분면에 자리하며, 현대 별자리들인 이젤자리, 그물자리, 물뱀자리, 테이블산자리, 그리고 물론 날치자리에 둘러싸여 있다.

12월부터 1월까지 북위 20도-남위 90도에서 가장 잘 관측된다.

헤벨리우스의 별자리

요하네스 헤벨리우스(Johannes Hevelius, 1611-1687)

폴란드의 천문학자이자 관측가. 망원경을 이용한 정밀한 측정으로 유명하다. 프톨레마이오스의 체계에서 비어 있던 영역을 채우기 위해 도마뱀자리, 사냥개자리, 작은사자자리 등을 새로 만들었다. 그의 세밀한 별자리 지도는 근대 천문학의 관측 정확도를 크게 높였다.

도마뱀자리
Lacerta

헤벨리우스가 제안한 도마뱀자리는 카멜레온처럼 주변 환경에 따라 몸의 색깔을 바꾸어 위장할 줄 아는 라우다키아 스텔리오Laudakia stellio라는 종의 도마뱀을 형상화한 희미한 별자리다. 북반구 4사분면에서 고대의 별자리들인 백조자리와 안드로메다자리 사이로 하늘을 기어가고 있다.

9월부터 10월까지 북위 90도-남위 33도에서 가장 잘 관측된다.

방패자리
Scutum

방패자리의 원래 라틴어 이름은 헤벨리우스를 후원해준 왕에게 경의를 표하는 뜻에서 '스쿠툼 소비에스키아눔Scutum Sobiescianum(소비에스키의 방패)'이라 지어졌었다.

작지만 또렷한 방패자리는 남반구 4사분면에서 고대 별자리들인 독수리자리와 궁수자리 사이를 방패의 형상으로 맴돌고 있다.

7월부터 8월까지 북위 74도-남위 90도에서 가장 잘 관측된다.

사냥개자리
Canes Venatici

사냥개자리는 고대 별자리들인 목동자리와 큰곰자리에 연결되어 하나의 이야기를 구성한다. 소달구지를 끄는 목동이 끈으로 묶어둔 한 쌍의 사냥개가 큰곰자리의 곰을 뒤쫓으며 끈을 잡아당기고 있다.

사냥개자리와 목동자리는 북반구 3사분면, 큰곰자리는 북반구 2사분면에 있다.

4월부터 5월까지 북위 90도-남위 37도에서 가장 잘 관측된다.

살쾡이자리
Lynx

살쾡이자리는 크지만 흐릿하다. 헤벨리우스는 처음에 이 별자리에 '살쾡이 아니면 호랑이Lynx, sive Tigris'라는 애매모호한 이름을 붙였다가 결국 살쾡이를 선택했다. 이 희미한 별자리를 찾으려면 살쾡이만큼 시력이 좋아야 할 거라는 헤벨리우스의 기록이 남은 걸 보면, 그 사실이 이름을 정하는 데 영향을 미친 듯하다.

살쾡이자리는 북반구 2사분면에서 고대 별자리들인 마차부자리와 큰곰자리 사이의 널찍한 공간을 서성이고 있다. 근처에는 고대 별자리인 쌍둥이자리와 더불어 다른 동물 별자리들(고대 별자리들인 게자리와 큰곰자리, 현대 별자리들인 작은사자자리와 기린자리)이 있다.

1월부터 3월까지 북위 90도-남위 28도에서 가장 잘 관측된다.

여우자리
Vulpecula

원래 라틴어 이름은 '불페쿨라 쿰 안세레Vulpecula cum Ansere(거위를 입에 문 새끼 여우)'였지만 곧 축약형이 채택되었다. '불페쿨라'를 직역하면 '새끼 여우'지만, 이 별자리의 영어 이름은 그냥 여우, '폭스Fox(라틴어로는 불페스Vulpes)'다.

헤벨리우스의 여우는 불운한 거위를 입에 문 채 총총걸음으로 하늘을 지나가고 있다. 여우자리는 북반구 4사분면에서 고대 별자리들인 페가수스자리, 백조자리, 돌고래자리에 둘러싸여 있다.

8월부터 9월까지 북위 90도-남위 61도에서 가장 잘 관측된다.

육분의자리
Sextans

라틴어 이름 '섹스탄스'는 원래 이름이었던 '섹스탄스 우라니아에Sextans uraniae(하늘의 육분의)'의 축약형이다. 이 희미한 별자리는 천구의 적도 부근에 있으며, 별들이 북반구 2사분면과 남반구 2사분면에 퍼져 있다. 헤벨리우스는 육안으로 천체를 관측하고 계산할 때 사용했던 기구인 육분의六分儀를 별자리로 만들었다. 밑변이 구부러진 삼각형을 얼추 닮은 이 육분의는 고대 별자리들인 사자자리와 바다뱀자리 사이에 있다.

3월부터 4월까지 북위 78도-남위 83도에서 가장 잘 관측된다.

작은사자자리

Leo Minor

작은사자자리는 고대의 사자자리보다 작은 새끼 사자를 형상화한 별자리로 눈에 잘 띄지 않는다. 새끼 사자는 북반구 2사분면의 밤하늘에서 고대의 동물 별자리들인 사자자리와 큰곰자리 사이를 어슬렁거리고 있다.

3월부터 4월까지 북위 90도-남위 48도에서 가장 잘 관측된다.

드 라카유의 별자리

니콜라 루이 드 라카유(Nicolas-Louis de Lacaille, 1713-1762)

프랑스 천문학자. 1750년대 남아프리카공화국 희망봉에 천문대를 짓고 약 1만 개의 별을 관측했다. 그는 계몽주의 시대의 정신을 반영해 망원경자리, 이젤자리 등 과학이나 예술 도구의 이름을 딴 별자리를 제안하여 근대 관측 천문학의 남반구 지도를 완성했다.

고물자리

Puppis

드 라카유가 이 별자리에 처음 붙였던 이름은 '라 푸프 뒤 나비르la Poupe du Navire(배의 고물)'였다. 고물자리를 구성하는 별들은 본래 고대의 거대한 별자리인 아르고자리의 일부였다. 드 라카유는 이 대형 별자리를 돛자리, 용골자리, 고물자리, 이렇게 세 부분으로 나누었다. 그는 14개의 별자리를 도입했고 아르고자리에서 분리된 별자리들은 별도로 계산한다.

고물자리는 남반구 2사분면에 위치하며, 당연히도 배의 다른 부분들인 돛자리와 용골자리에 인접해 있다.

1월부터 2월까지 북위 39도-남위 90도에서 가장 잘 관측된다.

공기펌프자리*

Antlia

원래의 라틴어 이름인 '안틀리아 프네우마티카Antlia Pneumatica(공기 펌프)'는 드 라카유가 처음에 프랑스어로 지었던 이름 '라 마신 프뇌마티크la Machine Pneumatique(공기압 장치)'를 라틴어로 옮긴 것이다. 드 라카유의 공기펌프자리는 프랑스의 물리학자이자 수학자 드니 파팽이 발명한 공기 펌프를 기념하고 형상화한 별자리다.

공기펌프자리는 남반구 2사분면에서 켄타우루스자리, 바다뱀자리, 아르고자리 등 카리스마 넘치는 고대의 별자리들에 둘러싸여 있다.

3월부터 4월까지 북위 49도-남위 90도에서 가장 잘 관측된다.

그물자리

Reticulum

드 라카유가 이 별자리에 원래 붙였던 이름은 '르 레티퀼 롱보이드le Reticule Rhomboide(그물 모양의 마름모)'였다. 망원경의 접안렌즈에는 항성의 위치를 측정하는 데 사용되는 작은 십자선이 있는데, 드 라카유는 자신이 쓰던 망원경의 십자선을 그물자리라는 별자리로 만들었다.

작은 별자리인 그물자리는 남반구 1사분면에서 현대 별자리들인 시계자리, 물뱀자리, 황새치자리, 이젤자리에 둘러싸여 있다.

12월에 북위 23도-남위 90도에서 가장 잘 관측된다.

* 펌프자리라고도 한다.

나침반자리
Pyxis

자기 나침반을 형상화한 나침반자리는 천문학자 드 라카유가 새롭고 혁명적인 과학 도구에 경의를 표하는 의미로 도입한 별자리들 중 하나다. 원래 이름은 프랑스어로 '라 부솔la Boussole(나침반)'이었는데, 라틴어 '픽시스 나우티카Pixis Nautica(항해용 상자)'를 살짝 수정하고 축약한 '픽시스Pyxis'가 최종 이름으로 정해졌다.

작은 별자리인 나침반자리는 남반구 2사분면에 위치하며, 거대한 고대 별자리 아르고자리에서 갈라져 나온 현대의 고물자리와 고대 별자리인 바다뱀자리 사이에 있다.

2월부터 3월까지 북위 52도-남위 90도에서 가장 잘 관측된다.

돛자리
Vela

돛자리를 구성하는 별들은 원래 고대의 거대한 별자리인 아르고자리에 속해 있었다. 드 라카유는 이 대형 별자리를 돛자리, 용골자리, 고물자리로 나누었다. 드 라카유가 이 새로운 별자리에 처음 붙였던 이름은 '부알뤼르 뒤 나비르Voilure du Navire(배의 돛들)'로, 여기서 돛들은 아르고호의 돛을 의미한다.

돛자리는 남반구 2사분면에 위치하며, 당연히도 아르고호의 다른 부분들인 용골자리와 고물자리에 인접해 있다.

2월부터 4월까지 북위 32도-남위 90도에서 가장 잘 관측된다.

망원경자리

Telescopium

드 르카유가 원래 '르 텔레스코프le Telescope'라 이름 지었던 이 별자리는 공중 망원경의 형상을 띠고 있다. 기다란 장대나 높은 구조물에 렌즈나 거울처럼 빛을 모으는 장치, 즉 집광기를 달아놓은 형태의 망원경이었다. 집광기가 끈이나 장대로 관측자의 접안렌즈에 연결되어 있어, 밤하늘의 다양한 천체로 방향을 조정할 수 있었다.

희미한 망원경자리는 남반구 4사분면에서 고대 별자리들인 궁수자리, 남쪽왕관자리, 전갈자리, 제단자리와 현대 별자리들인 공작자리, 인디언자리, 현미경자리에 둘러싸여 있다.

7월부터 8월까지 북위 33도-남위 90도에서 가장 잘 관측된다.

시계자리

Horologium

라틴어 이름 '호롤로기움'은 '시간을 세는 장치'라는 뜻인데, 드 라카유가 이 별자리에 원래 붙였던 이름은 '진자와 초침이 달린 시계'를 의미하는 프랑스어 '로를로지 아 팡뒬 & 아 세콩드l'Horloge à pendule & à secondes'였다. 시계자리는 진자를 통해 시간과 분뿐만 아니라 초까지 잴 수 있는 진자시계를 형상화한다. 드 라카유는 별들의 움직임을 추적할 때 바로 이 기구를 사용했다.

시계자리는 남반구 1사분면에서 고대 별자리인 에리다누스강자리와 현대 별자리들인 물뱀자리, 그물자리, 조각도자리에 둘러싸여 있다.

11월부터 12월까지 북위 23도-남위 90도에서 가장 잘 관측된다.

용골자리*

Carina

용골자리를 이루는 별들은 원래 고대의 거대한 별자리인 아르고자리에 속해 있었다. 드 라카유는 이 커다란 별자리를 돛자리, 용골자리, 고물자리로 나누었다. 드 라카유가 직접 추가한 별자리는 14개이며 아르고자리에서 분리되어 나온 별자리들은 별도로 간주된다.

흥미롭게도 드 라카유의 용골자리는 아르고호의 용골이 아니라 선체 같은 형상을 띤다. 드 라카유가 이 별자리에 처음 붙였던 프랑스어 이름이 '코르 뒤 나비르Corps du Navire(배의 선체)'였기 때문이다.

용골자리는 남반구 2사분면에 위치하며, 당연히도 배의 다른 부분들인 돛자리와 고물자리에 인접해 있다.

1월부터 4월까지 북위 14도-남위 90도에서 가장 잘 관측된다.

이젤자리**

Pictor

라틴어 '픽토르'는 '플루테움 픽토리스Pluteum pictoris(화가의 받침대)'의 축약형이다. 이젤자리는 드 라카유가 예술 도구나 장비에서 이름을 따온 별자리 중 하나로, 프랑스어 이름은 '르 슈발레 에 라 팔레트le Chevalet et la Palette(이젤과 팔레트)'였다.

팔레트가 붙어 있는 이젤의 형상을 띤 이젤자리는 남반구 1사분면과 2사분면에서 고대 별자리인 아르고자리와 현대 별자리들인 비둘기자리, 조각도자리, 황새치자리, 그물자리, 날치자리에 둘러싸여 있다.

12월부터 2월까지 북위 26도-남위 90도에서 가장 잘 관측된다.

* 용골은 선박 바닥의 중앙을 받치는 길고 큰 재목을 말한다.

** 화가자리라고도 한다.

조각도자리***

Caelum

드 라카유가 원래 이 별자리에 붙인 이름은 '조각도'를 의미하는 프랑스어 '레 뷔랭les Burins'이었다. 이것이 라틴어 '카엘룸 스쿨프토리움Caelum sculptorium(조각가나 판화가의 조각도)'으로 옮겨지고, 나중에 '카엘룸(조각도)'으로 축약되었다.

드 라카유의 조각도자리는 석공·조각가·판화가가 사용하는 한 쌍의 도구를 기념하고 형상화한 별자리이다. 하나는 길고 뾰족한 칼에 버섯 모양의 손잡이가 달린 정이라는 연장이다. 다른 하나는 프랑스 판화가 자크 칼로가 발명하여 판화 제작에 사용한, 바늘처럼 생긴 도구 끌이다. 이 두 가지 도구가 X형으로 교차하며 단단히 묶여 있다.

조각도자리는 남반구 1사분면에서 고대 별자리들인 토끼자리와 에리다누스강자리, 현대 별자리들인 비둘기자리, 이젤자리, 황새치자리, 시계자리에 둘러싸여 있다.

12월부터 1월까지 북위 41도-남위 90도에서 가장 잘 관측된다.

조각실자리

Sculptor

드 라카유의 조각실자리는 원래의 프랑스어 이름인 '라틀리에 뒤 스퀼퇴르l'Atelier du Sculpteur(조각가의 작업장)'에 걸맞게 작업대, 도구, 조각된 흉상 등이 놓인 조각가의 작업장을 형상화한 별자리다. '스쿨프토르'라는 라틴어 이름은 '조각가의 도구들'을 의미하는 '아파라투스 스쿨프토리스Apparatus Sculptoris'를 축약하고 수정한 것이다.

조각실자리는 남반구 1사분면과 4사분면에 위치하며, 고대 별자리들인 물병

*** 조각구자리라고도 한다.

자리와 고래자리의 바로 남쪽에 있다.

10월부터 11월까지 북위 50도-남위 90도에서 가장 잘 관측된다.

직각자자리*

Norma

드 라카유가 도입한 도구 별자리 중 하나인 직각자자리의 원래 라틴어 이름 '노르마 에트 레굴라Norma et Regula(삼각자와 자)'는 프랑스어 '레케르 에 라 레글l'Équerre et la Règle(직각자와 자)'을 라틴어로 옮긴 것이다. 건축가나 측량사가 사용하는 직각자와 자로 구상된 별자리인 만큼 두 도구 모두 별들로 형상화된다.

희미한 직각자자리는 남반구 3사분면에서 고대 별자리들인 제단자리, 전갈자리, 이리자리, 현대 별자리인 컴퍼스자리와 남쪽삼각형자리에 둘러싸여 있다.

6월에 북위 29도-남위 90도에서 가장 잘 관측된다.

컴퍼스자리

Circinus

드 라카유가 도입한 14개의 별자리 중 가장 작은 이 별자리의 원래 이름은 컴퍼스를 의미하는 프랑스어 '르 콩파le Compas'였다.

이 별자리가 기념하고 형상화하는 제도용 도구 컴퍼스는 두 다리로 이루어져 있고, 둘을 연결하는 힌지hinge로 다리 사이의 거리를 조절한다. 지도 제작, 항해, 제도, 수학 등의 기술 응용 분야에서 포물선이나 원을 그리고 거리를 측정하는 데 사용된다.

* 수준기자리라고도 한다.

컴퍼스자리는 남반구 3사분면에서 고대 별자리들인 켄타우루스자리와 이리자리, 현대 별자리들인 직각자자리와 남쪽삼각형자리에 둘러싸여 있다.

5월부터 6월까지 북위 19도-남위 90도에서 가장 잘 관측된다.

테이블산자리
Mensa

라틴어 이름 '멘사'는 '몬스 멘사에Mons Mensae(테이블산)'의 축약형으로, 드 라카유가 처음에 붙였던 이름은 '몽타뉴 드 라 타블Montagne de la Table(테이블의 산)'이었다.

드 라카유의 테이블산자리는 남아프리카공화국 케이프타운을 내려다보는 산으로 평평한 봉우리가 독특한 테이블산을 기념하고 형상화한 별자리다. 드 라카유는 바로 이 산에서 밤하늘을 관측했다.

테이블산자리는 남반구 1사분면과 2사분면에 천구의 남극 가까이 위치하며, 고대 별자리인 에리다누스강자리와 현대 별자리들인 물뱀자리, 그물자리, 이젤자리, 조각도자리에 둘러싸여 있다.

12월부터 2월까지 북위 5도-남위 90도에서 가장 잘 관측된다.

팔분의자리
Octans

드 라카유가 도입한 팔분의자리는 항해사의 도구인 팔분의를 기념하는 별자리다. 1730년에 영국 수학자 존 해들리와 비교적 덜 알려진 필라델피아의 유리공 토머스 고드프리가 같은 시기에 각자 발명한 이 도구는 삼각형에 가까운 형태를 띠고 있으며, 수평선을 기준으로 천체의 고도를 측정하는 데 사용된다. 이 측정값을 통해 선박의 위도상 위치를 계산할 수 있다. 드 라카유가 이 별자리에 원래 붙였던 이름은 '록탕 드 레플렉시옹l'Octans de Reflexion(반사 팔분의)'이었다.

팔분의자리는 천구의 남극에서 남반구 1·2·3·4사분면으로 퍼져 있다. 카멜레온자리, 테이블산자리, 물뱀자리, 큰부리새자리, 인디언자리, 공작자리, 극락조자리에 둘러싸여 있다.

10월에 0도-남위 90도에서 가장 잘 관측된다.

현미경자리

Microscopium

현미경자리는 드 라카유가 당대의 혁명적인 과학 기구에서 이름을 따온 별자리의 전형적인 사례로, 가시광선과 다중렌즈를 사용하여 작은 물체를 확대해서 보는 복합현미경을 기념한다. 렌즈들이 들어 있는 원통이 상자 모양의 받침대 위에 매달려 있는 형상을 띠고 있다.

이 흐릿한 별자리는 남반구 4사분면에서 고대 별자리인 염소자리의 앞다리 바로 밑에 살며시 들어가 있다. 고대 별자리들인 궁수자리와 남쪽물고기자리, 현대 별자리들인 현미경자리, 인디언자리, 두루미자리와 이웃해 있다.

8월부터 9월까지 북위 45도-남위 90도에서 가장 잘 관측된다.

화로자리*

Fornax

드 라카유가 도입한 화로자리는 화학자들이 용액을 증류하는(분리하는) 데 사용하는 화로를 형상화한 별자리이다. 이 화로는 연금술용 증류기가 갖추어진 가열통에 응축액을 받는 용기가 붙어 있다. 드 라카유가 처음에 붙였던 이름은 '화학용 화로'를 의미하는 프랑스어 '르 푸르노 시미크le Fourneau Chymique'였는데, 이것이 라틴어 '포르낙스 키미아에Fornax Chimiae'로 번역되었다가 '포르낙스'로 축약되었다.

화로자리는 남반구 1사분면에서 고대 별자리인 에리다누스강자리의 기슭에 있다.

11월부터 12월까지 북위 50도-남위 90도에서 가장 잘 관측된다.

* 화학로자리라고도 한다.

보펠의 별자리

카스파르 보펠(Caspar Vopel, 1511-1561)

독일의 지도 및 기계 제작자. 고대부터 알고 있었던 특정 성군이 정식 별자리로 인정받는 데 기여했다. 특히 머리털자리를 독립된 별자리로 확정해 고대와 근대 천문학을 잇는 연결고리를 남겼다.

머리털자리
Coma Berenices

1536년에 독일의 지도 제작자이자 수학자인 카스파르 보펠이 머리털자리를 처음으로 소개하고 형상화했다. 그러나 고대 사람들도 머리털자리의 별들을 한 무리로 인지하기는 했다. 그 별들을 사자자리의 꼬리 끝에 달린 털들로 보는 작가들이 있는가 하면, 고대 별자리인 북쪽왕관자리의 왕관을 쓴 아리아드네(디오니소스의 신부)의 머리칼로 보는 작가들도 있었다. 또, 이집트의 여왕 베레니케의 머리칼로 해석하는 이들도 있었다. 이렇게 보면 머리털자리는 아주 오래된 별자리라 할 수 있다.

고대인들은 역사적 인물과 사건에 근거한 이야기를 이 머리털 형상의 별들에 연결 지었다. 베레니케 2세는 사촌 프톨레마이오스 3세와 결혼하여 공동 섭정으로 나라를 다스렸다(기원전 246년-기원전 222년). 프톨레마이오스가 3차 시리아 전쟁에 출정할 때 베레니케는 프톨레마이오스가 무사히 돌아오면 자신의 머리카락을 선물로 바치겠다고 신들에게 신성한 맹세를 했다. 프톨레마이오스가 무사히 귀환하자 베레니케는 바로 머리칼을 잘라 아프로디테(어떤 전승에서는 모든 신들이라고도 한다)에게 바쳤다. 당대의 문학 작품은 이 사건을 기념하면서, 베레니케의 머리칼이 아프로디테의 신전 제단에서 홀연히 사라졌다가 하늘의 별들로 다시 나타났다고 기록했다.

머리털자리는 북반구 3사분면에 있는 북쪽 하늘의 별자리다. 고대 사람들의 해석을 보면 알 수 있듯, 사자자리의 꼬리 끝에 있으면서 아리아드네 공주의 왕관인 북쪽왕관자리와 가깝다.

4월부터 5월까지 북위 90도-남위 56도에서 가장 잘 관측된다.

계절에 따른 별자리 * 프톨레마이오스 별자리의 그리스어 이름과 본뜻

그리스와 로마의 주요 신들 * 신화를 기록한 고대 작가들

현대 자료들 * 감사의 말 * 색인

부록

계절에 따른 별자리

천문학적 계절에 따라 잘 보이는 별자리들과 최적의 관측 위도는 다음과 같다.

북반구 겨울, 남반구 여름

12-1월

그물자리(북위 23도-남위 90도)
기린자리(북위 90도-남위 3도)
마차부자리(북위 90도-남위 34도)
에리다누스강자리(북위 32도-남위 89도)
오리온자리(북위 79도-남위 67도)
이젤자리(북위 26도-남위 90도)
조각도자리(북위 41도-남위 90도)
테이블산자리(북위 5도-남위 90도)
황새치자리(북위 20도-남위 90도)
황소자리(북위 88도-남위 58도)

1-2월

고물자리(북위 39도-남위 90도)
기린자리(북위 90도-남위 3도)
날치자리(북위 14도-남위 90도)
마차부자리(북위 90도-남위 34도)
비둘기자리(북위 46도-남위 90도)
살쾡이자리(북위 90도-남위 28도)
쌍둥이자리(북위 90도-남위 55도)
외뿔소자리(북위 78도-남위 78도)
용골자리(북위 14도-남위 90도)
이젤자리(북위 26도-남위 90도)
작은개자리(북위 89도-남위 77도)
큰개자리(북위 56도-남위 90도)
테이블산자리(북위 5도-남위 90도)
토끼자리(북위 62도-남위 90도)

2-3월

게자리(북위 90도-남위 57도)
기린자리(북위 90도-남위 3도)
나침반자리(북위 52도-남위 90도)
날치자리(북위 14도-남위 90도)
돛자리(북위 32도-남위 90도)
바다뱀자리(북위 54-남위 83도)
살쾡이자리(북위 90도-남위 28도)
용골자리(북위 14도-남위 90도)
카멜레온자리(북위 7도-남위 90도)
큰곰자리(북위 90도-남위 16도)

북반구 봄, 남반구 가을

3-4월

공기펌프자리(북위 49도-남위 90도)
기린자리(북위 90도-남위 3도)
돛자리(북위 32도-남위 90도)
바다뱀자리(북위 54도-남위 83도)
사자자리(북위 82도-남위 57도)
용골자리(북위 14도-남위 90도)
용자리(북위 90도-남위 4도)
육분의자리(북위 78도-남위 83도)
작은사자자리(북위 90도-남위 48도)
카멜레온자리(북위 7도-남위 90도)
컵자리(북위 65도-남위 90도)
큰곰자리(북위 90도-남위 16도)

4-5월

기린자리(북위 90도-남위 3도)
까마귀자리(북위 65도-남위 90도)
남십자자리(북위 25도-남위 90도)
머리털자리(북위 90도-남위 56도)
바다뱀자리(북위 54도-남위 83도)
사냥개자리(북위 90도-남위 37도)
용자리(북위 90도-남위 4도)
처녀자리(북위 67도-남위 75도)
카멜레온자리(북위 7도-남위 90도)
켄타우루스자리(북위 25도-남위 90도)

큰곰자리(북위 90도-남위 16도)

파리자리(북위 14도-남위 90도)

5-6월

극락조자리(북위 7도-남위 90도)

목동자리(북위 90도-남위 35도)

바다뱀자리(북위 54도-남위 83도)

용자리(북위 90도-남위 4도)

이리자리(북위 34도-남위 30도)

작은곰자리(북위 90도-0도)

처녀자리(북위 67도-남위 75도)

천칭자리(북위 60도-남위 90도)

컴퍼스자리(북위 19도-남위 90도)

켄타우루스자리(북위 25도-남위 90도)

북반구 여름, 남반구 겨울

6-7월

극락조자리(북위 7도-남위 90도)

남쪽삼각형자리(북위 19도-남위 90도)

땅꾼자리(북위 59도-남위 75도)

뱀자리(북위 74도-남위 64도)

북쪽왕관자리(북위 90도-남위 50도)

용자리(북위 90도-남위 4도)

전갈자리(북위 44도-남위 90도)

제단자리(북위 22도-남위 90도)

직각자자리(북위 29도-남위 90도)

헤라클레스자리(북위 90도-남위 38도)

7-8월

거문고자리(북위 90도-남위 42도)

공작자리(북위 15도-남위 90도)

궁수자리(북위 44도-남위 90도)

남쪽왕관자리(북위 44도-남위 90도)

독수리자리(북위 78도-남위 71도)

망원경자리(북위 33도-남위 90도)

방패자리(북위 74도-남위 90도)

뱀자리(북위 74도-남위 64도)

용자리(북위 90도-남위 4도)

헤라클레스자리(북위 90도-남위 38도)

8-9월

공작자리(북위 15도-남위 90도)

돌고래자리(북위 90도-남위 69도)

물병자리(북위 65도-남위 86도)

백조자리(북위 90도-남위 28도)

여우자리(북위 90도-남위 61도)

염소자리(북위 62도-남위 90도)

용자리(북위 90도-남위 4도)

인디언자리(북위 15도-남위 90도)

현미경자리(북위 45도-남위 90도)

화살자리(북위 90도-남위 69도)

북반구 가을, 남반구 봄

9-10월

남쪽물고기자리(북위 53도-남위 90도)

도마뱀자리(북위 90도-남위 33도)

두루미자리(북위 33도-남위 90도)

조랑말자리(북위 90도-남위 77도)

물병자리(북위 65도-남위 86도)

인디언자리(북위 15도-남위 90도)

케페우스자리(북위 90도-남위 1도)

큰부리새자리(북위 14도-남위 90도)

페가수스자리(북위 90도-남위 53도)

10-11월

고래자리(북위 65도-남위 79도)

물고기자리(북위 83도-남위 56도)

물뱀자리(북위 8도-남위 90도)

봉황자리(북위 32도-남위 90도)

안드로메다자리(북위 90도-남위 37도)

조각실자리(북위 50도-남위 90도)

카시오페이아자리(북위 90도-남위 12도)

큰부리새자리(북위 14-남위 90도)

팔분의자리(0도-남위 90도)

11-12월

고래자리(북위 65도-남위 79도)

물뱀자리(북위 8도-남위 90도)

삼각형자리(북위 90도-남위 52도)

시계자리(북위 23도-남위 90도)

양자리(북위 90도-남위 58도)

에리다누스강자리(북위 32도-남위 89도)

페르세우스자리(북위 90도-남위 31도)

화로자리(북위 50도-남위 90도)

프톨레마이오스 별자리의 그리스어 이름과 본뜻

거문고자리 리라(Lyra)

게자리 카르키노스(Karkinos, 게)

고래자리 케토스(Kētos, 바다 괴물)

궁수자리 톡소테스(Toxotēs, 궁수)

까마귀자리 코락스(Korax, 까마귀)

남쪽물고기자리 이크티스 노티오스 (Ikhthys notios, 남쪽 물고기)

남쪽왕관자리 스테파노스 노티오스 (Stephanos notios, 남쪽 왕관)

독수리자리 아에토스(Aetos, 독수리)

돌고래자리 델핀(Delphin, 돌고래)

땅꾼자리 오피우코스(Ophioukhos, 뱀을 쥐고 있는 자)

마차부자리 헤니오코스(Hēniochos, 마부)

목동자리 보오테스(Boōtēs, 달구지를 모는 자)

물고기자리 이크티에스(Ikhthyes, 물고기들)

물병자리 히드로코오스(Hydrokhoös, 물을 붓는 자)

바다뱀자리 히드로스(Hydros, 물뱀)

백조자리 오르니스(Ornis, 백조)

뱀자리 오피스(Ophis, 뱀)

북쪽왕관자리 스테파노스(Stephanos, 왕관)

사자자리 레온(Leōn, 사자)

삼각형자리 트리고논(Trigōnon, 삼각형)

쌍둥이자리 디디모이(Didymoi, 쌍둥이)

아르고자리 아르고(Argō, 아르고호)

안드로메다자리 안드로메다(Andromeda)

양자리 크리오스(Krios, 숫양)

에리다누스강자리 포타모스(Potamos, 강)

염소자리 아이고케로스(Aigokerōs, 뿔 달린 염소)

오리온자리 오리온(Ōriōn)

용자리 드라콘(Drakōn, 용)

이리자리 테리온(Thērion, 야수)

작은개자리 프로키온(Prokyōn, 개의 앞)

작은곰자리 아르크토스 미크라(Arktos mikra, 작은 곰)

전갈자리 스코르피오스(Skorpios, 전갈)

제단자리 티미아테리온(Thymiatērion, 향로)

조랑말자리 히푸 프로토메(Hippou protomē, 말의 상반신 앞부분)

처녀자리 파르테노스(Parthenos, 처녀)

천칭자리 켈라이(Khēlai, 집게발)

카시오페이아자리 카시오페이아 (Kassiepeia)

컵자리 크라테르(Kratēr, 포도주와 물을 섞는 용기)

케페우스자리 케페우스(Kēpheus)

켄타우루스자리 켄타우로스(Kentauros)

큰개자리 키온(Kyōn, 개)

큰곰자리 아르크토스 메갈레(Arktos megalē, 큰 곰)

토끼자리 라고오스(Lagōos, 토끼)

페가수스자리 히포스(Hippos, 말)

페르세우스 페르세우스(Perseus)

헤라클레스자리 엔고나시(Engonasi, 무릎 꿇는 자)

화살자리 오이스토스(Oistos, 화살)

황소자리 타우로스(Tauros, 황소)

그리스와 로마의 주요 신들

제우스Zeus 유피테르Jupiter

헤라Hera 유노Juno

포세이돈Poseidon 넵투누스Neptune

데메테르Demeter 케레스Ceres

아테나Athena 미네르바Minerva

아폴론Apollo 아폴로Apollo

아르테미스Artemis 디아나Diana

아레스Ares 마르스Mars

아프로디테Aphrodite 베누스Venus

헤파이스토스Hephaestus 불카누스Vulcan

헤르메스Hermes 메르쿠리우스Mercury

헤스티아Hestia 베스타Vesta

디오니소스Dionysus 바쿠스Bacchus

신화를 기록한 고대 작가들

논노스Nonnos(5세기 후반 활동 추정): 이집트 도시 파노폴리스(아킴) 출신의 그리스 시인. 그의 서사시 『디오니소스 이야기*Dionysiaca*』는 디오니소스의 생애와 모험을 이야기하고 있다.

디오도로스Diodoros(기원전 60년-기원전 20년경 활동): '시칠리아인' 디오도로스 시켈로스로 알려진 그는 신화 시대부터 카이사르의 갈리아 정복에 이르기까지 광범위한 세계 역사를 다룬 『역사 총서*Bibliotheca Historica*』를 저술했다. 그리스어로 쓰인 이 작품은 이집트, 메소포타미아, 인도, 스키티아, 아라비아, 북아프리카, 그리스, 유럽에 관한 논의를 담고 있다.

로도스의 아폴로니오스Apollonios of Rhodes(기원전 3세기 전반): 황금 양피를 찾아 나선 영웅 이아손의 모험담을 그린 그리스 서사시 『아르고호의 모험*Argonautica*』의 저자.

베르길리우스Vergilius[푸블리우스 베르길리우스 마로](기원전 70년?-기원전 19년): 로마의 건설과 로마인들의 기원을 이야기한 서사시 『아이네이스*Aeneis*』를 저술한 걸출한 작가. 아우구스투스 황제의 후원을 받았으며 전원시들을 모아놓은 『목가집*Eclogae*』, 당대의 사회적·정치적 문제와 더불어 농사에 관해서 이야기한 교훈시 『농경시*Georgica*』도 썼다.

세네카Seneca[루키우스 안나이우스 세네카](기원전 4년?-기원후 65년): 로마의 정치인, 철학자, 극작가. 스페인의 코르도바에서 태어난 세네카는 로마에서 교육받은 후 네로 황제의 첫 스승이 되었다가 후에는 정치적 고문 역할도 했다. 그의 작품 중에는 신화적 주제를 다룬 『헤라클레스의 광기*Hercules Furens*』, 『트로이의 여인들*Troades*』, 『페니키아의 여인들*Phoenissae*』, 『메데이아*Medea*』, 『파이드라*Phaedra*』, 『오이디푸스*Oedipus*』, 『아가멤논*Agamemnon*』, 『티에스테스*Thyestes*』 같은 비극들도 있다.

스트라본Strabon(기원전 65년-기원후 25년경): 역사가이자 지리학자. 스페인, 갈리아, 이탈리아, 발칸 지역, 소아시아, 인도, 이집트, 북아프리카 등지의 지리에 관한 정보를 집대성한 17부 구성의 저서 『지리지*Geographica*』가 유명하다.

아라토스Aratos(기원전 315년?-기원전 240년): 소아시아(현재의 튀르키예)의 남부 해안에 있는 킬리키아에서 태어난 그리스 시인. 유일하게 현존하는 그의 작품은 『하늘의 현상 *Phaenomena*』이라는 제목의 1,154행 6보격 시이다. 가장 중요한 별들과 별자리들의 위치와 움직임, 그리고 거기에 얽힌 신화를 노래하고 있다.

아리스토텔레스Aristoteles(기원전 384년-기원전 322년): 철학자 플라톤의 가장 유명한 제자로 훗날 알렉산드로스 대왕의 스승이 되는 아리스토텔레스는 아테네에 리케이온 Lykeion이라는 철학 학교를 건립했다. 윤리학·논리학·정치학·시학·생물학·자연과학에 관한 방대한 저작을 남겼다. 자연과학 관련 저서에는 『물리학*Physica*』, 『하늘에 관하여*De Caelo*』, 『기상학*Meteorologica*』 등이 있다.

아폴로도로스Apollodoros(1세기 혹은 2세기): 그리스 로마의 신화와 전설을 그리스어로 광범위하게 요약한 저자로 알려져 왔지만, 사실이 아닐 가능성이 높다. 그 작품의 제목은 『도서관*Bibliotheke*』이다.

안토니노스 리베랄리스Anotoninos Liberalis(2세기 혹은 3세기): 『변신 이야기 모음집*Metamorphoseon Synagoge*』이라는 신화 모음집을 그리스어로 저술한 문법학자. 삶에 대한 세부적인 내용은 알 수 없으며, 『변신 이야기 모음집』은 현존하는 유일한 그의 작품이다.

오비디우스Ovidius[푸블리우스 오비디우스 나소](기원전 43년-기원후 18년): 가장 유명하고 칭송받은 고대 로마 시인 중 한 명. 수백 년 동안 그리스 로마 신화와 전설의 일차적인 자료가 되어온 서사시 『변신 이야기*Metamorphoseon Libri*』의 저자이다. 그 외에 유혹의 기술을 설명한 문제작 『사랑의 기술*Ars Amatoria*』, 신화 속의 인간 여성들이 연인들에게 보낸 허구의 편지들을 모아놓은 서간집 『여인들의 편지*Heroides*』, 축제들의 날짜와 기원, 신화를 월별로 설명한 시 『로마의 축제들*Fasti*』 등을 저술했다.

카툴루스Catullus[가이우스 발레리우스 카툴루스](기원전 84년?-기원전 55년?): 이탈리아 도시 베로나 출신의 로마 시인으로, 그가 『소책자*Libellus*』라고 부르는 얇은 시집에 따르면 그는 로마 공화정의 '상류 사회'의 일원이었다. 그 저서에는 연설가이자 정치인인 키케로, 율리우스 카이사르, 그리고 카이사르의 경쟁자인 폼페이우스 마그누스 장군 등에 관한 이야기들이 실려 있다.

테오크리토스Theoritos(기원전 3세기 초반): 『목가집*Eidyllia*』의 저자인 그리스 시인. 전원시의 창시자로 알려진 테오크리토스는 시라쿠사에서 태어난 후 이집트의 알렉산드리아와 코스 섬에서 활동한 것으로 보인다. 그가 썼다는 『목가집』의 시 30편이 남아 있기는 하지만 사실 그가 전부 쓴 것도 아니고, 모든 시가 (전원생활의 매력을 담은) 전원시인 것도 아니다.

파우사니아스**Pausanias**(115-180년경): 그리스 본토를 직접 여행한 기록을 남긴 그리스 작가. 『그리스 여행기*Hellados Periegesis*』에서 여행 안내자 역할을 맡아, 이제는 사라지고 없는 유적과 기념비적인 건축물, 예술 작품뿐만 아니라 그가 방문한 지역의 풍습과 신앙에 대한 풍부한 정보를 제공해 준다.

플라톤**Platon**(기원전 428/427년-기원전 348/347년); 아테네의 철학자이자, 아카데메이아 **Acadēmeia**라는 철학 공동체의 창설자. (플라톤에게 큰 영향을 미친) 소크라테스가 한 인물로 등장하여 이상 국가에 관해 논하는 『국가*Politeia*』를 비롯하여 수많은 저작을 남겼다.

피타고라스**Pythagoras**(기원전 570년경-기원전 495년경): 사모스 섬에서 태어난 그리스 철학자. 수학과 천문학에 큰 기여를 하고 환생을 믿은 것으로 유명하다.

필로스트라토스**Philostratos**(1-3세기): 『이마기네스*Imagines*』(그리스어로는 『에이코네스 *Eikones*』)라는 2부 구성 저서의 저자들로 추정된다. 필로스트라토스 가의 두 일원이 이 책을 저술했을 가능성이 있다. 『이마기네스』는 한 명 혹은 두 명의 저자가 나폴리에서 감상한 예술 작품들을 상세히 설명해놓은 책이다.

헤로도토스**Herodotos**(기원전 480년?-기원전 425년): '역사의 아버지'라 불리는 그는 최초로 과거의 사건을 조사 대상으로 삼았다. 그리스와 페르시아의 전쟁(기원전 490년-기원전 479년)에 관해 그리스어로 기술한 『역사*Historiai*』에는 지리적, 신화적, 정치적, 민족지학적 정보가 풍부하게 담겨 있다.

헤시오도스**Hesiodos**(기원전 725년경 활동): 그리스 전승에 따르면, 영향력이 아주 크며 교육용으로도 가치가 높은 두 편의 서사시를 저술한 작가이다. 우주와 신들의 기원을 다룬 『신들의 계보』와 사회적·종교적 처신에 대한 생각과 농부의 달력을 담은 『노동과 나날』이 그것이다.

호메로스**Homeros**(기원전 8세기): 그리스 전승에 따르면, 서양 최초의 문학 작품들인 『일리아스*Ilias*』와 『오디세이아*Odysseia*』의 저자이다. 그리스의 신들을 찬미하는 작자 미상의 시들을 모아놓은 『호메로스 찬가*Homerikoi humnoi*』는 그의 작품으로 잘못 알려져 있다.

히기누스**Hyginus**(2세기?): 다양한 그리스 원전들을 엮은 신화 편람 『이야기*Fabulae*』와 신화적 내용을 함께 버무린 천문학 설명서 『시적 천문학*Astronomica*』의 저자로 알려졌지만, 사실이 아닐 가능성이 크다.

현대 자료들

국제천문연맹 웹사이트: https://www.iau.org.

던클리, 조Jo Dunkley, 『우리 우주: 천문학자의 가이드*Our Universe: An Astronomer's Guide*』, 하버드 대학교 출판부, 2020.

리드패스, 이언Ian Ridpath, 『항성과 행성*Stars and Planets*』, DK 북스, 2022.

________, 『별 이야기*Star Tales*』, 제임스 클라크, 1989.

미튼, 재클린Jacqueline Mitton, 『그냥 천문학*Simply Astronomy*』, DK 북스, 2021.

투머, 제럴드 J.Gerald J. Toomer, 『프톨레마이오스의 '알마게스트'*Ptolemy's "Almagest"*』, 프린스턴 대학교 출판부, 1999.

감사의 말

이 책을 쓰는 동안 참 많은 사람들에게 큰 빚을 졌다. 우선, 내가 사랑하는 신화와 천문학, 이 두 가지 주제를 연결 지어 글을 쓸 수 있도록 기회를 준 블랙도그 앤 레번덜의 출판부장 베키 코에게 고마운 마음을 전하고 싶다. 에이비터스 크리에이티브의 훌륭한 에이전트 세라 레빗이 없었다면, 전편인 『고전 신화 백과』와 이 책은 세상에 나오지 못했을 것이다. 짐 티어니는 별이 되어 하늘에 떠 있는 인물들을 생생히 되살리는 데 유감없는 실력을 발휘해 주었다. 이제 밤하늘을 올려다볼 때마다 그의 그림이 떠오를 것이다.

정성과 인내로 책을 제작해준 멜러니 골드와 그녀의 팀원들에게도 깊이 감사드린다. 뉴질랜드 더니든의 투후라 오타고 박물관 관장이자 천문학자인 이언 그리핀 박사는 본문 내용의 균형 잡힌 비율에 관하여 아낌없는 조언을 해주었다.

마지막으로, 원고를 수차례 읽어 주고, 책의 구성에 관해 수없이 함께 토론해 주고, 집필 과정 내내 나를 응원해준 남편 돈 더넘에게 이루 말할 수 없이 감사하다. 그리고 끊임없이 기쁨과 영감을 안겨 주는 최고의 개들, 무나와 쿠리에게도 고맙다.

찾아보기

지은이

아네트 기제케Annette Giesecke 하버드 대학에서 박사 학위를 받은 고전 및 환경사 연구가다. 에피쿠로스 철학, 호메로스와 베르길리우스의 서사시, 정원의 역사, 자연 환경에 대한 고대의 태도 등 다양한 주제에 관하여 글을 썼다. 『고전 신화 백과』, 『식물의 신화』, 『웅대한 도시』, 『식물의 문화사』(6권), 『훌륭한 정원사』, 『완벽한 대지』의 저자이기도 하다. 현재 뉴질랜드에 거주하고 있다.

일러스트

짐 티어니Jim Tierney 펜실베이니아 남동부에 살고 있는 일러스트레이터이자 그래픽 디자이너이다. 이디스 해밀턴의 『그리스 로마 신화』 75주년 기념판과 아네트 기제케의 『고전 신화 백과』의 삽화를 맡았다.

옮긴이

이영아 서강대학교 영어영문학과를 졸업하고 성균관대학교 사회교육원 전문 번역가 양성 과정을 이수했다. 현재 전문 번역가로 활동하고 있다. 옮긴 책으로 『고전 신화 백과』, 『상황과 이야기』, 『사라진 서점』, 『우주를 삼킨 소년』, 『스티븐 프라이의 그리스 신화』, 『엽란을 날려라』 등 다수가 있다.

별자리 신화 백과

89개 별자리로 만나는
신·영웅·괴물 이야기

초판 인쇄 2026. 1. 5
초판 발행 2026. 1. 12

지은이 아네트 기제케
일러스트 짐 티어니
옮긴이 이영아
펴낸이 김광우
편집 황현경, 문혜영
디자인 김민영
마케팅 박장희, 김예진
펴낸곳 知와사랑 | 주소 경기도 고양시 덕양구 동축로 70, AA 701호
전화 02) 704-5040 | 팩스 02) 788-2965 | 홈페이지 www.jiwasarang.co.kr

등록번호 제 251002023000016호 | 등록일 1999. 1. 23
인쇄 소문사
제본 과성제책

ISBN 978-89-89007-07-4 (03030)